Erich Wulffen

Kriminalpädagogik
Ein Erziehungsbuch

Aus Fraktur übertragen

SEVERUS Verlag

Wulffen, Erich: Kriminalpädagogik. Ein Erziehungsbuch
Hamburg, SEVERUS Verlag 2010.

ISBN: 978-3-942382-95-3
Druck: SEVERUS Verlag, Hamburg, 2010
Lektorat: Verena Behr

Der SEVERUS Verlag ist ein Imprint der Diplomica Verlag
GmbH.

**Bibliografische Information der Deutschen Nationalbiblio-
thek:**
Die Deutsche Nationalbibliothek verzeichnet diese Publikation
in der Deutschen Nationalbibliografie; detaillierte bibliografische Daten sind im Internet über http://dnb.d-nb.de abruf-
bar.

Die digitale Ausgabe (eBook-Ausgabe) dieses Titels trägt die
ISBN 978-3-942382-96-0 und kann über den Handel oder den
Verlag bezogen werden.

SE**V**ERUS
Verlag

Inhalt

Einleitung

Als Kriminalpsychologe bin ich ausgegangen, um die Anlagen und Bedingungen zu erforschen, aus denen im Kind und Jugendlichen die verbrecherische Tat erwächst, und als Kriminalpädagoge bin ich zurückgekehrt, um zu lehren, welche Anlagen ausgebildet oder zurückgedämmt, welche Umstände beseitigt oder umgangen werden müssen, damit unsere Kinder und Jugendlichen das Unsittliche, das Verbrechen nach Möglichkeit vermeiden.

Ich habe bei meinen Studien erkannt, wie einfach alle Erziehungsgesetze sind, da die Natur selber sie aufgestellt hat und uns ihren wirkungsvollen Ablauf täglich an Kleinem und Großem im physikalischen und sittlichen Vereich übereinstimmend zeigt. Ich habe aber auch erkannt, daß wir Menschen diese natürlichen Erziehungsgesetze, gerade vielleicht weil sie so einfach sind, übersehen, nicht begriffen, nicht angewendet haben.

Bei der Zunahme der Versuchungen, mit welchen der Fortschritt der Kultur im Überangebot von Genüssen unsere Jugend umstarrt, erschien es mir wünschenswert, ein Büchlein zu schreiben, dem auch der nicht wissenschaftlich gebildete Erzieher Mittel und Wege entnehmen kann, die ihm anvertrauten Kinder entweder am Verbrechen, das ihrer vielen entgegentritt, vorüberzuführen oder seine Versuchungen kämpfend zu bestehen. In diesem das Verbrechen verhütenden Sinne wollte ich eine Kriminalpädagogik schreiben, gipfelnd in Beantwortung der Frage: Wie verhindern wir durch die Erziehung, daß unsere Kinder dem Verbrechen verfallen?

Daß in der einfachen, ohne wissenschaftlichen Aufwand von Systematik, Methode und Terminologie zu leistenden Darstellung der schon erwähnten natürlichen Erziehungswege meine Hauptaufgabe bestehen mußte, möge das Büchlein selbst beweisen. Schon bei meinen in allen Teilen Deutschlands und im Ausland gehaltenen Vorträgen über die sittliche Erziehung des Kindes habe ich es so oft hören müssen, wie die Erzieher die einfachen Erziehungsgesetze begriffen und sagten: „Nun sehen wir alles ganz anders an!"

Dem Volk sind die Gesetze der sittlichen Erziehung, in denen sich eine prophylaktische, eine verhütende Kriminalpädagogik erschöpft, in einer seinem Verständnis angepaßten Form noch nicht vorgetragen worden. Wäre es geschehen, müßten die Gesetze Wurzel gefaßt haben und in Übung stehen.

Während der Staat sich – hoffentlich mit Erfolg – bemüht, ein gesetzliches Verfahren zu regeln, in dem geschehene Straftaten der Jugendlichen eine von der bisherigen unpsychologischen Behandlung abweichende, angemessene Beurteilung finden, während der Staat, wie in allen seinen Wirkungen, auch in diesem Fall seinen Einfluß von außen her geltend macht, hat der Kriminalpädagoge den großen Vorzug, bei seiner Arbeit von innen nach außen wirken zu dürfen. Das menschliche Gemüt ist seine unermeßliche Domäne, von dem Unerforschlichen selbst angebaut. Und noch etwas hat der kriminalpädagogische Schriftsteller vor dem sühnenden Staat voraus: Verbrechen zu verhüten macht seliger als Verbrechen zu beurteilen und zu strafen!

I. Wesen und Artung des Kindes

Die Erzieher müssen vermeiden, sich über Wesen und Artung des Kindes zu täuschen. Wer einseitig die Reinheit oder die Bösartigkeit der Kinderseele betont, steht nicht auf wissenschaftlichem Boden.

Alle ungünstigen Instinkte und Triebe, die der Erwachsene entfaltet, müssen in der Anlage bereits beim Kind vorhanden sein. Niemand vermag eine seelische Strebung zu betätigen, zu der er die Fähigkeit nicht vom Mutterleib an mitgebracht hätte.

Das Individuum wiederholt nach einem Grundgesetz der Lebensentfaltung in seiner Entwicklung die Merkmale derart, also das Kind die Eigenschaften des ursprünglichen Menschen. In diesem Sinne ist das Kind nicht mit Unrecht dem Naturmenschen, dem Wilden verglichen worden.

Die Entwicklung des Menschen nahm, wie die Betrachtung der heutigen Naturvölker zeigt, ihren Ausgang von der Betätigung der derben, der egoistischen, ja der brutalen Instinkte und Triebe. Gerade sie mußte der Urmensch im Kampf mit seinen Gegnern, mit den Tieren und feindseligen Menschen, zu seiner Selbsterhaltung zuerst entfalten. Es darf uns deshalb nicht wundern, daß wir von diesem Zustand im Wesen des heutigen Kindes neben seinen in ähnlicher Weise entwickelten günstigen, wertvollen, altruistischen Strebungen noch ein Abbild entdecken.

Die Selbsterhaltung, deren Grundgesetze die ganze Entwicklung des Menschengeschlechts folgt und notwendigerweise, wenn es nicht untergehen soll, folgen muß, wird im Menschen aus zwei ursprünglichen Trieben gespeist, aus dem Selbsterhaltungstrieb derart, also aus dem Fortpflanzungs- oder Geschlechtstrieb, und aus dem persönlichen, dem individuellen, dem gemeinen Selbsterhaltungstrieb. Wer daher der Meinung wäre, wir müßten beim Kind nicht auf die Ausflüsse dieses Selbsterhaltungstriebs in seiner Zwiespältigkeit stoßen, würde die biologische Entwicklung verneinen.

Der gemeine Selbsterhaltungstrieb offenbart sich im Kind in seinem Besitz- und Herrscherwillen. „Haben! Bubi will haben!" und „Bubi will!" sind erste Worte seiner Umgangsprache. Eine Zeitlang faßt das kleine Kind nach allen erreichbaren Gegenständen mit seinen Händchen; gerade das, womit andere, so die Geschwister, sich befassen, will es ergreifen. Es fragt dabei nicht nach dem Gegenwillen anderer. Selbstverständlich fehlt ihm lange der Begriff für Eigentum und Besitz; es will den Gegenstand seiner Herrschaft unterwerfen, solange es hieran Lustempfindungen hat, also ganz nach Willkür. Erst allmählich kann dem Kind beigebracht werden, daß es nicht jede ihm erreichbare Sache für sich in Anspruch nehmen darf; hierbei begreift es durchaus nicht ohne weiteres, sondern spät das Bestehen und den Sinn der Eigentumsordnung. Lange halten nur Zwang und Gewöhnung das Kind davon ab, sich an fremden Gegenständen zu vergreifen. Der freie, sittliche Wille, fremdes Eigentum unangetastet zu lassen, ist nur schwach. Ohne den fortwährenden Zwang und die erzieherische Übung würde das Kind nach wie vor öfter fremde Dinge seinem Willen unterwerfen.

Erst später, mit dem Auftreten der Wertschätzung des Eigentums, entwickelt sich aus dem bloßen Besitzwillen die Begehrlichkeit. Ihr Vorläufer und ihr häufiger Entwicklungsfaktor ist die Naschsucht, die freilich auch im Nahrungstrieb mit wurzelt. Das Kind fühlt instinktiv, daß Süßigkeiten nähren. Aus der Begehrlichkeit, zuerst auf die Kleinigkeiten des kindlichen Daseins gerichtet, erwachsen Eigennutz, Gewinnsucht, Genußsucht, Habsucht und Geiz. Daß dabei glücklicherweise sich auch nützliche Eigenschaften, ein gesunder Eigentumssinn, Sammeltrieb, Sparsamkeit, Arbeitslust usw. mitentwickeln, ist selbstverständlich.

Bei dieser Stufenfolge vom bloßen Besitzwillen zu Eigennutz und Habsucht, deren äußerste Spitzen im kindlichen Dasein an sich nicht erklommen werden, muß man sich aber immer gegenwärtig halten, daß das Instinkt- und Triebartige der ganzen Betätigung vorherrscht und von einem sittlichen Bewußtsein und einem sittlichen Willen noch wenig beleuchtet werden. Gerade hierin gleicht die Entwicklung des Kindes so sehr dem Naturmenschen. Beiden fehlen Gefühl und Verständnis für die Einseitigkeiten und Ausartungen des Eigentumswillens, hier galt es nur zu zeigen, daß die auf Besitz und Eigentum gerichteten Strebungen bereits in der Kindesseele verankert liegen.

Die Herrschsucht des kleinen Kindes zeigt sich oft darin, daß es liebt, seine Umgebung in Atem zu halten. Die Mutter oder das Kindermädchen sollen sich ausschließlich mit ihm, nicht mit den anderen Geschwistern usw. befassen. Beim kleinen Kind spielen hierbei zweifellos oft Unwohlbefinden, das nach Besänftigung verlangt, und ungestillter Beschäftigungstrieb eine Rolle. Aber der Wille zu herrschen wird im Kind später schon durch dessen Gefühl und Bewußtsein seiner vollständigen Abhängigkeit ausgelöst. Die Herrschsucht der Kinder den Eltern gegenüber nimmt häufig recht deutliche Formen an. Auch unter Geschwistern und Kameraden tritt der Wille zur Macht – natürlich immer innerhalb der Grenzen des kindlichen Daseins – hervor. Die kindliche Herrschsucht wird später zur wertvollen Selbstbehauptung, zum Selbstbewußtsein im guten Sinne, zu Strebsamkeit und Ehrgeiz, zur Fähigkeit, die Verhältnisse zu beherrschen, zum Bestandteil der Charakterfestigkeit. Man beachte die vielseitige Entfaltung des einen Keims! Das Kind empfindet den Zwang, der ihm auf Schritt und Tritt zur Seite geht, sehr leicht als lästig, wenn es vermöchte, würde es ihn öfter abschütteln. Manche Verstimmung, Laune und Unart gehen auf diesen Zwang zurück; mancher Trotz und Ungehorsam, mancher Eigensinn und Zorn wollen nur am Gitter dieses Kerkers der spielerisch freien Willensbetätigung des Kindes rütteln.

Ein Ausfluß der Herrschsucht ist die Zerstörungslust, welche die vollkommene Herrschaft über eine Sache symbolisiert. Sie wird unbedenklich zu den Urinstinkten des Menschengeschlechts gerechnet werden können, weil die Vernichtung, die der primitive Mensch gegen feindliche Tiere und Menschen üben mußte, sie mit auslöste. Die Lustbetonung kann man beim kleinen Kind beobachten, das eine Zeitung, ein Bilderbuch in Stücke zerreißt. Es handelt sich dabei um eine starke, als Lust empfundene Anregung des emotionellen Nervensystems. Etwas mehr tritt beim Kind zunächst auch nicht in Erscheinung. Die kindliche Zerstörungslust kann sich, in günstige Bahnen geleitet, als Schaffensdrang, als reformatorische Tätigkeit, als technischer Erfindungsgeist wieder finden.

Die Freude am zerstörenden, schädigenden Erfolg stellt sich erst später mit der Schadenfreude, der Grausamkeit oder gar der Bosheit ein.

Wir sehen das Kind Handlungen verüben, die wir als an sich grausame erkennen, ohne daß jenes die Lust an dem Schmerz des gequälten Tieres – erst dann können wir von wirklicher grausamer Gefühlsrichtung sprechen – empfindet. Andere Motive machen sich geltend, der Sammeltrieb beim Aufspießen der Schmetterlinge, das Bewußtsein von der Wertlosigkeit oder gar Schädlichkeit der gesteinigten häßlichen Kröte und der eingefangenen Maikäfer. In ähnlicher Weise treiben das Kind in gewissen Jahren sein Tätigkeitstrieb und seine Wißbegierde dazu, das Spielzeug auseinander zu nehmen und hierbei zu zerstören.

Aber die grausame Lustbetonung steht beim Kind, wir dürfen das nicht vergessen, leicht auf der Schwelle der Empfindung. Die – häufig unbewußte – Veranlagung zur Grausamkeit kann die spätere Berufsrichtung bestimmen und im Chirurgen, Fleischer, Militär, Staatsmann, Kriminalisten, Polizeibeamten, tragischen Dichter (Friedrich Schiller!) sich vergeistigt wiederfinden, ebenso auch im Vergewaltiger, Tierquäler, Mörder sich ausleben.

Der Grausamkeit ähnelnd, hat die Schadenfreude an der Beschädigung lebloser Dinge – Pflanzen, Gartenzäune, Bäume, aufgestellter Bänke usw. – Lustempfindung und will überdies auch vielfach die Eigentümer dieser Sachen treffen. Hauptsächlichen Zusammenhang mit der Schadenfreude haben der Neid und die Rachsucht. Alle diese Gefühlsrichtungen können sich schon beim Kind finden und werden in ihm unschwer ausgelöst. Der Neid insbesondere ist eine infantile Erscheinung, ein Zeichen der Schwäche und Ohnmacht.

Es kann nicht bestritten werden, daß es boshafte, bösartige Kinder gibt, in denen die Lust am bösen, am schädigenden Erfolg besonders und dauernd lebendig ist. Auch die menschliche Bosheit, vom Raubtier übernommen, ist ein Urinstinkt, der deshalb – nach dem erwähnten Grundgesetz – im Kind veranlagt sein wird. Manches Kind macht seine Bosheit in seinem Inneren mit sich selbst ab. Das Grimassenschneiden der Kinder, das allerdings auch auf ihr besonders bewegliches Nervensystem zurückzuführen ist, hat in den eine bösartige Gesinnung nachahmenden Grimassen mit der Bosheit, die verborgen bleibt, einen Zusammenhang und kann deshalb die latente Bösartigkeit unschädlich ableiten. Ähnliches bewirkt eine gewisse Necklust, die beim Erwachsenen zum boshaften Spott, zum Hohn, Sarkasmus, zur Ironie und Satire, aber auch zu einem glücklichen Humor und belebenden Witz werden kann. Jene ersteren sind fast immer seelische Ersatzwerte einer mehr oder minder leichten Bosheit.

Zu auffällige Bösartigkeit eines Kindes wird meist Symptom seiner psychopathischen Veranlagung sein.

Über die Liebe der Kinder zu ihren Eltern und sonstigen Angehörigen macht man sich gern falsche Vorstellungen. Man sollte doch nicht erwarten, daß seelisch noch so unentwickelte Wesen die Innigkeit, Selbstlosigkeit und Tiefe echter Liebe, deren kaum Erwachsene fähig werden, zu empfinden vermöchten! Die Liebesbezeugungen der Kinder sind gewiß zum Teil uns in ihrem Anblick rührende instinktive sympathische Regungen des verwandten Blutes, zum andern Teil aber Äußerungen des Bedürfnisses, wiedergeliebt, verzärtelt, gehätschelt zu werden. Das Kind macht sein Schutzbedürfnis geltend. Es ist auch ein kleiner Schmeichler, der sich Vorteile erringen will, ja, schon aus Ursachen seines beweglichen Nervensystems, ein kleiner Komödiant.

In den mittleren Jahren der Kindheit kühlt die Neigung der Kinder auch äußerlich merklich ab, ohne innerlich besonders zu gewinnen.

Eher macht sich bei wachsendem Bewußtsein eine Gleichgültigkeit, wenn nicht Abneigung geltend, weil der Zwang der Eltern, die natürlich nicht immer richtig entscheiden, als unbequem, unangenehm, ungerecht empfunden wird. So kommt fast immer die Distanz, wenn nicht die Kluft zwischen Eltern und Kind. Auch dem besten und liebevollsten Vater bleibt in gewissen Jahren die wenigstens vorübergehende Abneigung des Lohns kaum erspart. Denn die Fähigkeiten zur Dankbarkeit für die Aufopferung der Eltern, zur Schätzung ihrer wertvollen Eigenschaften, zur Erkenntnis der Nichtigkeit ihrer Maßnahmen reifen erst später.

Auch diese Gleichgültigkeit, ja Abneigung in gewissem Kindesalter entspricht einer Erscheinung in der primitiven Entwicklung des Menschengeschlechts. Als die ersten Menschen noch in Horden lebten, wurden die Kinder und jungen Menschen zweifellos in ungünstige Lage gedrückt. Die hierdurch erwachsene Abneigung und Feindseligkeit haben sich als freilich abgeschwächte Instinkte vererbt.

Hier nehmen auch die seltsamen geheimen Todeswünsche der Kinder gegen ihre Angehörigen ihren Ursprung. Auch hierüber soll man sich nicht täuschen. Es gibt zweifellos sehr viele Kinder, die den einmaligen oder wiederholten geheimen Wunsch, der Vater oder die Mutter möchten sterben, nicht zu unterdrücken vermögen. Er ist eine gelegentlich, so bei Krankheit der Eltern fast unwillkürlich auftretende Gedankenverbindung. Viele Kinderpsychologen wissen in ihrem einseitigen Optimismus von diesen Todeswünschen nichts. Selbstverständlich kommen sie nur versteckt zum Ausdruck; man muß die ganze Ausdruckweise des Kindes beherrschen, um sie *sine ira ac studio* herauszuhören. So hörte ich ein acht Jahre altes Mädchen beim Abendessen ganz unvermittelt seinen Vater fragen: „Papa, lebst du noch lange?" Der springende Gedankenwechsel des Kindes, der ganze Gedankenentwicklungen ungeäußert läßt, ist ja bekannt. Erst bei längerer Beobachtung des Kindes wurde mir klar, daß hier ein geheimer Todeswunsch zum Ausdruck gekommen war. Dasselbe Mädchen fragte ebenfalls äußerlich ganz unvermittelt zum Beispiel den Vater: „Fährst du bald wieder fort?" Und hier konnte festgestellt werden, daß das Kind die Abreise des längere Zeit abwesend gewesenen Vaters wünschte. Ein anderes Kind hörte die Eltern von der schweren Erkrankung eines Onkels, den es kannte, erzählen. Auf des Vaters Äußerung, daß der Onkel vielleicht sterben müsse, fragte das Kind: „Wünschst du, daß der Onkel wieder gesund wird, Vater?" Auf dessen erstaunte Gebärde wollte sich das Kind offenbar verbessern, sagte aber wieder: „Ich meine, ob das gut wäre, wenn der Onkel wieder gesund würde?" Man vergesse überhaupt nicht, daß Kinder über den Tod, dessen Wesen ihnen zwar annähernd klar ist, dessen Ursachen ihnen aber rätselhaft bleiben, viel nachdenken. Ihr eigener Selbsterhaltungstrieb läßt sie schon bei geringen Verletzungen und Erkrankungen fragen: „Mutter, stirbt man an so etwas?"

Auch auf Geschwister und entfernte Verwandte können sich solche Gedankentodeswünsche beziehen. Wenn sie zunächst auch häufig motivlos sind, so wissen wir doch aus den Selbstbekenntnissen Erwachsener, daß auch schon bei jüngeren Kindern die Erwägung auftreten kann, wie der Tod des Vaters oder des Bruders sie in den Besitz von Geld und Vermögen setzen kann. Ich glaube auch nicht, daß diese Erscheinung sich nur bei psychopathischen Kindern findet, weil sie eben einem allgemeinen ererbten Instinkt entspringt. Wir Erwachsenen leiden ja ganz allgemein an solchen Todeswünschen, wir müssen nur so ehrlich sein, sie uns einzugestehen. Ich halte sie für mehr als bloße nach dem Gesetz der Kausalität – Krankheit und Tod – hervorgerufene

Gedankenverbindungen. Denn das Wunschartige ist in diesem Gedankengebilde oft so kräftig, daß wir den Gedankenwunsch selbst dann nicht zu unterdrücken vermöchten, wenn wir überzeugt wären, der Mensch, dessen Tod wir denken, müsse schon an unserem bloßen Todeswunsch wirklich sterben. Ich neige mich zu der Ansicht, daß dieser Todesgedankenwunsch als ein ganz allgemeiner, aus der Urzeit vererbter, durch Kultur und Sitte zum bloßen Gedanken abgeschwächter, verblaßter Tötungsinstinkt, der den Urmenschen innewohnte, sich darstellt.

Das Gefühl der Blutsverwandtschaft ist im Kind nicht stark. Nur Onkel und Tanten, die schenken, sind beliebt, wenn sie nicht freigebig sind, erfahren sie oft eine herbe Kritik.

Die Gefühle der Kinder für ihre Geschwister grenzen auch öfter an Gleichgültigkeit und Abneigung stark an.

Für ihre Gespielen, Schulgenossen und den sogenannten Mitmenschen hegen die Kinder mit Ausnahme selbstsüchtiger Freundschaften nur geringes selbstloses Interesse. Nächstenliebe und Altruismus darf man nicht in Kinderseelen suchen, vielleicht wenn im Auftrag des Vaters der bedürftige Bettler beschenkt wird, durchzuckt blitzartig eine schöne Ahnung davon das Kinderherz.

Auch der Verstellungsinstinkt wurde vom Urmenschen schon zeitig da, wo es ihm im Existenzkampf an Kraft und Gewalt gebrach, als List und Hinterlist, schon beim Raubtier vorgebildet, betätigt. Den Verstellungsinstinkt, dem die L üge entstammt, bringt heute das kleine Kind in der Veranlagung bereits mit. Man muß aber nicht jede Unwahrheit, zumal des kleinen Kindes, als bewußte, als Lüge auslegen. Es unterscheidet häufig Wahrheit und Unwahrheit nicht, weil es ungenau beobachtet, weil es mit der Aussage wie mit Gegenständen spielt, weil ihm seine Umgebung wie von einem leichten Schleier verhüllt erscheint.

Die echte Lüge nimmt ihr Material aus der Erfahrung und der Phantasie. Kindern mit überwuchernder Phantasie drängen sich von selbst unwirkliche, unwahre Darstellungen leicht auf, wobei sie unter gewissen Umstanden in ihrem träumerischen, zerstreuten Dahinleben Wahrheit und Dichtung gelegentlich verwechseln können, solchem Phantasieleben entspricht auch das Wohlgefallen am Märchen, dessen Unwirklichkeit sehr bald erkannt wird. Das Kind liebt das Spiel mit dem Unwirklichen. Die kindliche

Phantasie haftet auch gern am Wunderbaren, Grauenerregenden, Bizarren und Sensationellen. Das Kind ist in gewisser Hinsicht ein sensationelles Wesen. Eine Reihe seiner Lügen entspringen nur dem Sensationsbedürfnis seines flüssigen Nervensystems. In dem Grauenerregenden, Bizarren und Sensationellen der kindlichen Phantasie werden auch leicht unmoralische, verbrecherische Gedanken und Wünsche eingeschlossen.

Der Beweggrund zur Lüge wurde biogenetisch schon im Verstellungsinstinkt fixiert; er ist immer, soweit die Lüge Zwecke verfolgt, eine Schwäche des Individuums. Der Hochstapler lügt, um der seinen maßlosen Genußwünschen widersprechenden Mittellosigkeit aufzuhelfen; der Bedürftige lügt aus wirtschaftlicher Bedrängnis.

Ein kleiner Knabe erzählt seinen Schulkameraden mit Begeisterung von der Fülle der empfangenen Weihnachtsspielsachen; tatsächlich hatte er seinem Gefühl nach zu wenig bekommen. Daher der befreiende psychologische Umbildungsprozeß. Ein anderer hatte vor dem Dorfhund die Flucht ergriffen und erzählte, er habe den größten Hund im ganzen Dorf davongejagt: er schämte sich seiner Schwäche.

Kinder, die bei Gelegenheit mit unwahren Berichten aufwarten, folgen dabei öfter dem Bedürfnis, ihr nüchternes, armseliges Dasein zu verdecken, zu verschönen. Hier finden auch Dichtkunst und Schriftstellerei, soweit sie die Phantasiegebilde der Autoren darstellen, häufig eine Verknüpfung.

Kinder, die lügen, wenn sie, wie man zu sagen pflegt, den Mund aufmachen, tun dies meistens im Gefühl ihrer ihnen wenigstens zum Teil bewußten Minderwertigkeit, die eine äußere – Gebrechen – oder innere, meist beides zugleich, ist. Wer sich gesund oder vollwertig fühlt, lügt nicht, die Offenheit und Wahrheit sind Zeichen von Kraft und Mut. Die auffällige bewußte Unwahrhaftigkeit des unglücklichen Jugendschriftstellers Karl May, der in den Vorworten seiner Werke und auch sonst im Leben alle die exotischen Gegenden, die er beschrieb, gesehen zu haben versichert, läßt sich zu einem großen Teil auf das ihm innewohnende Gefühl seiner Minderwertigkeit zurückführen. Er bietet hierfür eines der ausgeprägtesten Beispiele, das wir kennen. Aber auch er wollte, insoweit folgte er dem dichterischen Trieb, seine äußere und innere Armseligkeit verschönen. Seine Phantasiegabe war sehr groß.

Das Sexualleben des Kindes ist Gegenstand übertriebener Darstellungen geworden. Aber unterschätzt werden darf es gewiß nicht.

Den schlagendsten Beweis dafür, daß das Sexuelle schon im jungen Kind sich regt, bieten die Erfahrungen auf dem Gebiet der Onanie, die sich schon bei dreijährigen Kindern, sehr häufig aber vom siebten oder achten Lebensjahr, und zwar bei beiden Geschlechtern, findet. Dabei mögen die Mädchen prozentual geringer beteiligt sein, wenn die Kinder sich auch natürlich der ganzen Bedeutung ihrer Triebbetätigung nicht bewußt sind, so fehlt ihnen doch, wie ihr Verhalten gerade beweist, die sexuelle Lustbetonung nicht. Es ist also töricht, zu behaupten, das Sexuelle mache sich im jungen Kind noch nicht geltend und mache ihm nicht zu schaffen. Es wäre ja auch geradezu auffällig, wenn dieser mächtigste und unbändigste menschliche Trieb nicht schon frühzeitig seine Regungen voraussendete.

Daß schon das Kind einen sexuellen Demonstrationstrieb betätigt, kann man in der Kinderstube und auf Straßen und Promenaden beobachten, wobei selbstverständlich nicht verkannt werden soll, daß die Zurschaustellung auch mit auf jene kindliche Harmlosigkeit, die sich des sexuellen Charakters ihrer Handlungsweise nur sehr schwach bewußt sein mag, zurückzuführen ist. Dasselbe gilt von dem Schautriebe des Kindes, der an allem Neuen und Auffälligen haftet; aber sexuelle Artung hat er in vielen Fällen doch, weil das Kind, zumal in gewissen Jahren, instinktiv das Geheimnis des anderen Geschlechts zu enthüllen strebt.

Sexuellen Demonstrations- und Schautrieb betätigen Kinder auch im Anschreiben und Anzeichnen unzüchtiger Worte und Darstellungen an Wänden und Mauern, ebenso im Aussprechen von Zoten. Aber auch hier muß erwähnt werden, daß die nicht zu verkennende Freude des Kindes am Unartigen, Unanständigen überhaupt (Fäkalien, Urin) gerade durch das diese Dinge treffende verbot, welches psychologisch anreizend wirkt, mit hervorgelockt wird.

Gewisse Kinderpsychologen wollen bestreiten, daß in den Kindern das inzestuöse Moment sich rege. Dabei ist biogenetisch nichts natürlicher. Beim Urmenschen war der Inzest etwas Regelmäßiges; das Kind wird also wenigstens psychisch diese Erscheinung wiederholen.

Es ist gar nicht anders denkbar, als daß die Kinder ihre ersten, zum Teil unbewußten sexuellen Regungen auf Vater und Mutter oder Bruder und Schwester beziehen, projizieren. Gerade mit diesen Personen haben sie steten und vertrauten Umgang, andere Personen kommen kaum mit ihnen in so nahe Berührung.

Es ist durchaus keine ganz seltene Erscheinung, daß Knaben, wenn Mutter und Schwestern Toilette machen, gern zugegen sind. Auch die bekannten Äußerungen in der Kinderstube, daß das kleine Mädchen später den Papa oder den Bruder „heiraten" will, deuten bei aller Harmlosigkeit doch an, daß die Blutsverwandtschaft als Stimme der Natur noch keine Schranke aufgerichtet hat. Die vielen geschlechtlichen Ereignisse zwischen Bruder und Schwester, die im Schoß der Familie verborgen bleiben und auch hier nur selten entdeckt werden, sind dem Kinderkenner bekannt. Auch hier fehlt häufig der Einblick in das Inzestmoment.

Diese Skizze möge genügen, um auch dem Optimist die Augen zu öffnen, daß in den Seelen unserer Kinder günstige und ungünstige Kräfte nahe beisammen liegen. Aber gerade diese oft unmittelbarste Nachbarschaft wird erzieherisch, wie wir sehen werden, von Bedeutung. Ja noch mehr, eine und dieselbe Anlage (unbewußte Grausamkeit) kann zum Unheil oder zum Segen ausschlagen! Hier winkt das Problem der Erziehung.

II. Die Grundgesetze der sittlichen Erziehung.

Wer die sittliche Erziehung eines Kindes im Auge haben will, muß sich also gegenwärtig halten, daß es seiner ganzen menschlichen Veranlagung nach mit einer Reihe ungünstiger Anlagen behaftet sein wird. In welchem Umfang und in welcher Richtung sie vorhanden sind, läßt sich in der Regel vor dem vierzehnten Lebensjahr kaum sagen; nur auffällige Eigenschaften machen sich gewöhnlich früher bemerkbar.

Der Erzieher muß sich nun darüber klar sein, daß er die natürliche, durch die Eigenschaften von Generationen bedingte, vererbte Veranlagung des Kindes nicht aufzuheben vermag. Einen solchen Kampf gegen die mächtige Natur darf sich menschliche Erziehungskunst nicht zutrauen.

Ihre Hauptaufgabe in der Bekämpfung der unsittlichen und unsozialen Instinkte und Triebe des Individuums liegt aber darin, mit allem Bemühen zu verhindern, daß diese ungünstigen Anlagen, die zunächst nur in einem Keim vorhanden sind, sich überhaupt entwickeln können, und vor allem nicht etwa positiv gar selber Ursachen zu solcher Entwicklung zu setzen. Wenn die ungünstigen Anlagen latent, verborgen, also möglichst unentwickelt bleiben, so ist von ihren Wirkungen, die eben einen Entwicklungsprozeß voraussetzen, wenigstens gegenwärtig nichts zu befürchten. Hiermit rechnet eine praktische Kriminalpädagogik.

Diesem mehr negativen, verhütenden Verfahren der sittlichen Erziehung tritt nun die positive, fördernde Aufgabe hinzu, an andere Anlagen des Kindes anzuknüpfen, diese zur Entwicklung zu bringen und erstarken zu lassen. Gemeint sind die günstigen Anlagen des Kindes, deren jedes, selbst das schwachsinnige Kind, etliche besitzt. Jedes menschliche Wesen ist eine individuelle Mischung guter und schlechter Eigenschaften, wobei noch die Vermutung für das Vorherrschen der günstigen Anlagen spricht, die zur Erhaltung des Ganzen eine stärkere Vererbungstendenz in der Menschheit zu besitzen scheinen, als die ungünstigen. Eine absolute menschliche Bosheit gibt es nicht; nur in hochgradig pathologischen Fällen wird die Grenze erreicht.

Diese günstigen Anlagen, die freilich nicht immer offen zutage liegen und sich manchmal sogar unter ihrem Gegenteil zu verhüllen scheinen, müssen nun vom Erzieher mit Sorgfalt, mit Verständnis, mit Liebe und, wenn es erforderlich wird, mit Nachsicht bei dem Kind aufgesucht und erkannt werden. Ist dies mit Erfolg geschehen, dann hat genau das gegenteilige Verfahren wie gegenüber den ungünstigen Anlagen Platz zu greifen. Diese günstigen Eigenschaften müssen mit liebevollem, wenn es sein muß, mit heißem Bemühen zur Entfaltung und Kräftigung gebracht werden, ihre gedeihliche Pflege darf in keiner Weise verabsäumt werden. Denn wie die ungünstigen Anlagen vor einer Entwicklung bewahrt werden können, so werden auch günstige Anlagen ohne besondere Pflege wenn nicht verkümmern, so doch, falls sie von Natur aus nicht besonders kräftig sind, nur zu ungenügender Wirkung gelangen.

Das erste psychophysiologische, naturwissenschaftliche Erziehungsgrundgesetz, dessen Einfachheit es so lange unbeachtet bleiben ließ, arbeitet also mit einer Pflege und Kräftigung günstiger und mit einer Niederhaltung ungünstiger Seelenkräfte im Kind. Von dem physikalisch-mechanischen Vorgang der Kräfteverdrängung ausgehend, erklärt das Grundgesetz, die Erstarkung des Guten werde von selbst zugleich dem Ungünstigen am Boden entziehen. Die Erziehung hat also von beiden Polen der menschlichen Veranlagung aus zugleich ihre Arbeit zu beginnen. Wie das im einzelnen zu geschehen hat, soll in den folgenden Abschnitten in großen Zügen veranschaulicht werden.

Hier soll nur noch ein zweites psychophysiologisches, naturwissenschaftliches Erziehungsgrundgesetz aufgezeigt werden, nach welchem alle jene einzelnen, später zu besprechenden Maßnahmen zum Zwecke ihrer Wirksamkeit gestaltet werden müssen. Auch dieses Grundgesetz knüpft an das Kräfteverhältnis der Kinderseele an und trägt dem starken Selbstbetätigungstrieb, der das Kind so sehr charakterisiert, Rechnung.

Das Kind besitzt eine außerordentliche Flüssigkeit des Nervensystems, die sich schon bei dem kleinen Wesen in seinem Zappeln und Strampeln kundgibt. Das Kind folgt in seinen Spielen und bei seiner Arbeit seinem physiologischen, natürlichen Bewegungsdrang. Dabei handelt es sich um ein Einüben und Erproben der Kräfte für die Aufgaben des späteren Lebens. Sehr schön nennt Friedrich Nietzsche das Kind in dieser Beziehung „ein aus sich rollendes Rad".

Der Erzieher darf nun nicht plump in die Speichen dieses wundersamen, aus sich selbst rollenden Rades eingreifen, sei es, seinen Umlauf in dem bald schnelleren, bald langsameren Zeitmaß hemmen oder beschleunigen. Wer dieses Rad aus sich selbst zu rollen befähigte, verlieh ihm auch eigene Ursachen im Wechsel seines Umlaufs.

Wer das Kind wahrhaft kennt, weiß, daß ihm nur diejenigen Errungenschaften zugute kommen, die es aus sich selbst gewonnen hat. Nur hierbei ist von lustbetontem und deshalb erfolgreichem Gewinn die Rede. Alles andere bleibt äußerlich vielleicht angenommener, aber nicht innerlich verarbeiteter Lehrstoff, dem das Kind aus seiner ganzen Artung heraus sogar einen geheimen oder offenen Widerstand entgegensetzen kann.

Man kann dies alles beim Kind im Kleinen und Kleinsten beobachten. Alles, was es auf dem Spaziergang sieht, will es Vater und Mutter zeigen. Daher dieses von den Eltern oft nur mit Ungeduld hingenommene, zahllose Male wiederholte: „Vater, sieh mal!" Reine Belehrung bringt das Kind hiervon ab, weil es erst auf diese Weise – „aus sich rollend" die Erscheinungen seiner Umgebung, sie gleichsam den anderen erst entdeckend, wahrhaft in sich aufnimmt, wer seine Kinder in solchem Fall abweist, nimmt ihnen wertvolle Erkenntnisquellen.

Die Selbsttätigkeit des Kindes zu befriedigen und anzuregen, ist auch eine Hauptaufgabe des Spiels, das hierin seinen erzieherischen Wert findet. Unsere Mütter klagen heute vielfach darüber, daß die Kinder nicht mehr spielen können, hieran trägt zum Teil eine Schuld das moderne, in gewissem Sinne zu vollkommene Spielzeug, welches der nach Selbstbetätigung dürstenden kindlichen Phantasie keinen Spielraum mehr gewährt.

Unsere ältere, in der Zeit des unvollkommenen Spielzeugs aufgezogene Generation entfaltete auch einen regeren Spieltrieb, wenn Stühle, umgelegt und aneinander geschoben, als Eisenbahnwagen angesehen werden, so kann dies nur mit Hilfe einer lebhaft arbeitenden Phantasie geschehen. Meine Spezialität war, eine altertümliche, mit schwarzem Leder überzogene und mit blanken Nägeln beschlagene Fußbank als – Leichenwagen durch das Zimmer zu fahren.

Meine achtjährige Tochter Erika rollte eines Abends an einer Leine eine große leere Zwirnrolle herein und erklärte auf Befragen, diese Rolle sei ihr Hundchen. Als sie sich zum Abendbrot an den Tisch setzte, nahm sie den rollenden Vierfüßler zärtlich auf den Arm, um ihn, da er Hunger habe, zu füttern. Das geschah in der Weise, daß sie eine Wurstschale durch die Höhlung der Zwirnrolle zog. Wenn sie die Wurstschale durch die Höhlung hindurchgezogen hatte, so versicherte sie, das Hündchen habe sie „gefressen". Als ich mir diesen nicht ganz appetitlichen Hausgenossen am Abendbrottisch verbat, erkannte ich an dem schmerzerfüllten Gesicht meines Kindes, wie ernsthaft es ihm mit seiner Fürsorge war. Dabei besaß meine Tochter Hunde verschiedener Gattung aus Stoff, Holz und Papiermache, die zum Teil fahrbar und mit Stimmlaut ausgestattet waren. Niemals hatte sie den Versuch gemacht, einen dieser künstlich sehr gut nachgeahmten Vierfüßler zu füttern oder gar mit Zärtlichkeiten zu bedenken. Angesichts dieses Beispiels wurde mir sonnenklar, wie bei der Zwirnrolle die selbsttätige Phantasie, die, als die Leiterin des Spieles, heute einen Spitz oder Pinscher, morgen einen Pudel oder Mops vor sich sehen konnte, so sehr auf ihre Rechnung kam, während sie bei dem vollkommenen Spielzeug völlig gebunden, also lahmgelegt war. Auch das Spiel zeigt also als ein wesentliches am Kind das Motiv der Selbstbetätigung.

Bei dem Streben der meisten Kinder nach Kameradschaft offenbart sich dasselbe psychologische Gesetz. Im Spiel mit Kameraden, bei dem sich das Kind nach seinem Belieben geben kann, erfährt es willkommene Anregungen der motorischen Nerven, die sich seinem ganzen Nervensystem wohltätig mitteilen. Deshalb lehnt es Aufforderung zu einem Spaziergang mit den Eltern, wobei es sich nicht immer nach seinem Willen bewegen darf, als „langweilig" selbst dann ab, wenn dabei eine Einkehr mit Verzehrung von Kuchen winkt.

Den Spaziergang mit den Eltern usw. macht das Kind auf seine besondere Weise, indem es die gesamte Wegstrecke durch Voraneilen und Zurückbleiben, durch Um- und Seitenwege doppelt, ja dreifach zurücklegt. Neben dem starken motorischen Bedürfnis zum Laufen betätigt sich hierbei des Kindes Eigenart in einer Selbstgestaltung der vom Erzieher vorgeschriebenen Aufgabe.

Dieser Drang zur Selbstbetätigung erweist sich hiernach immer mehr als ein dem Kind von der Natur eingepflanztes Gesetz. Die Natur, die solche Geschöpfe schafft, dürfen wir wohl auch für befähigt erachten, in sie das Gesetz ihrer gedeihlichen Entwicklung hineinzulegen.

Dieser Wille zur Selbstbetätigung muß, nur ein Kurzsichtiger sieht das nicht ein, mit einem unerzieherisch gestalteten Zwang in Zwiespalt treten. Eine Hauptaufgabe der Erziehung besteht in der besonnenen und psychologischen Ausgestaltung dieses ganz gewiß pädagogisch notwendigen Zwanges.

Zwischen Freiheit und Zwang soll das Kind erzogen werden; zwischen Freiheit und Notwendigkeit läuft das Leben der Menschen und Völker dahin. Die Bewegung zwischen Freiheit und Zwang verläuft auf den Höhepunkten in einem harmonischen, einem glücklichen Spiel. Dem Kind diese glückliche harmonische

Spielbewegung zwischen Freiheit und Zwang zu geben, ist die wahre Aufgabe der sittlichen Erziehung.

Das Kind befindet sich in einer vollständigen Abhängigkeit von seinen vielen Erziehern in Haus und Schule und von seiner sonstigen Umgebung. Man glaube ja nicht, daß dem Kind diese Abhängigkeit nicht zum Bewußtsein käme, im Gegenteil gilt ihm mancher halbunterdrückter kindlicher Seufzer. Die Erziehung selbst soll dem Kind ihren eigenen Zwang erleichtern, verbiete nicht zuviel und nichts Unnötiges! Die kindliche Selbstbetätigung lehnt sich gegen einen zu gehäuften Zwang auf. Es liegt in ihrer organischen Veranlagung.

Man erteile einem Kind in nicht weiter gewählten Worten den Auftrag, eine nützliche Arbeit – z.B. Besorgung eines Briefes – schnell zu erledigen. Je öfter und energischer man dem kleinen Boten zuruft: „Geh schnell!" –„Schneller! viel schneller!" – „Du sollst dich, sage ich dir, beeilen!", desto weniger wirkungsvoll erweist sich der Befehl. Man kann die Wirkungslosigkeit fast organisch beobachten. Bei jedem neuen Zuruf erfolgt vor unseren Augen eine neue physische und psychische Verlangsamung. Hier verkündet sich das Naturgesetz, daß ein zu gehäufter Befehl oder Zwang in dem kindlichen Nervensystem unmittelbare Hemmungserscheinungen erzeugt.

Man setze den Fall, der kleine Bote trifft auf seinem verzögerten Weg einen sympathischen Kameraden. Sowie er dessen ansichtig wird, kommt in die motorischen Nerven Leben. Anstelle des Zwangs, der abgeschüttelt werden kann, tritt jetzt das selbst gewählte Ziel der freien Betätigung; die Schritte werden beflügelt, dabei kann auch der Befehl mit zur schnelleren Ausführung gelangen. Ein Kind läuft im Spiel zehnmal die Straße auf und ab; beim elften Mal soll es der Mutter etwas mitbringen, sofort ist es müde. Der eingeschobene Befehl stört die freie Selbstbetätigung.

Der bekannte kindliche Eigensinn kann die Folge eines natürlichen und gesunden Beharrungsvermögens sein, das den Erwachsenen zum energischen unbeugsamen Charakter machen kann. Im ungünstigen Fall ist der Eigensinn Folge einer Minderwertigkeit, einer Schwäche, deren der Eigensinnige sich bewußt ist und die er gerade durch einen scheinbar starken willen bemänteln will. Der Eigensinnige vermag sich seiner Umgebung nicht anzupassen; er wehrt sich gegen sie. Die erzieherische Behandlung dieses Eigensinns darf nicht in Härte und Schärfe bestehen, die ihn nur zum Trotz steigert, weil Härte und Zwang den Eigensinnigen bestimmen, sich in Anpassung zur Umgebung noch starrer und abwehrender zu verhalten. Man muß diese Starre lockern, diese Abwehr mildern. Man muß dem Eigensinnigen zeigen, wie er nur sich selbst, nicht aber die anderen täuscht, die den Grund seines Verhaltens erkennen. Die intellektuelle Erziehung vermag hier sehr viel, vor allem der Ungebildete ist eigensinnig, nicht anpassungsfähig, wer den psychologischen Vorgang in sich begreift, kann leicht gebessert werden. Den Eigensinnigen beherrscht ein von Lust und Unlust gemischtes Gefühl. Dies Gefühl mache man ihm klar. Man erkläre ihm, daß das Gefühl der Übereinstimmung mit einer vernünftigen Umgebung nur Lustgefühl ist, das man kennen, wiederholen und schätzen lernen muß. physiologisch wird dieses lustbetonte Gefühl der Übereinstimmung gewonnen durch eine Anbahnung des Motorischen, das, in Bewegung gesetzt, das unvernünftige Beharrungsvermögen überwindet. Die Frage, ob der kindliche Eigensinn unbedingt zu brechen ist, kann nur für äußerst bedenkliche Fälle bejaht werden, wenn man der ungünstigen Quelle sicher ist. In solchen Ausnahmefällen können die Gewaltversuche die fehlende motorische Bahnung schnell erreichen.

So kommt es auch, daß das Kind die nützliche Arbeit zu meiden scheint. Dies trifft aber keinesfalls zu, wenn es sich um eine vom Kind selbst gewählte nützliche Arbeit handelt, wir kennen den Eifer, mit dem Knaben sich in Handfertigkeitsarbeiten, die ihrem Interesse entsprechen, bemühen. Wenn das Spiel eine der Ausbildung der Kräfte des Kindes förderliche Arbeit ist, so darf auch der bekannte Spieleifer hier herangezogen werden. Nur die von Dritten, zumal vom Erzieher aufgetragene nützliche Arbeit wird vielfach mit geringer Lust oder mit Unlust betont.

Das Kind folgt hierbei genau demselben Lustprinzip wie der Erwachsene. Auch wir befinden uns infolge unserer Verhältnisse in Beruf, Familie und sozialer Gesellschaft in fortwährender Abhängigkeit von unserer Umgebung. Auch wir seufzen und lieben es nicht, wenn der uns umgebende äußere Zwang zu lästig auf uns drückt, was tun wir, um diesen äußeren Zwang, dessen Notwendigkeit wir einsehen, innerlich zu überwinden? Wir verwandeln unser Müssen psychologisch in ein Wollen, indem wir, was wir zu müssen eingesehen, uns freiwillig zu wollen selbst auferlegen. Auf diesem Grundsatz beruht unser ganzes Prinzip der sittlichen Selbsterziehung, indem wir den Imperativ „Du mußt, denn du sollst" in ein „Du mußt, denn du willst" verwandeln. Auch das Kind folgt bereits instinktiv diesem Grundsatz, wenn es nur eine selbstgewollte Tätigkeit mit Eifer betreibt, was wir selber als unseren höchsten sittlichen Grundsatz gewahrt zu wissen wünschen, dürfen wir dem Kind nicht mit Ungeschick und Eigensinn rauben.

Freilich bringt es die Erziehung mit sich, das Kind mit Fleiß und Ausdauer auch für solche Tätigkeit zu erfüllen, die es zu einer selbstgewollten zu erheben noch keine genügende Einsicht besitzen kann. Gerade die vielen Vorbereitungen für die späteren praktisch-nützlichen Verrichtungen des Menschen fallen in die frühe Erziehung durch Schule und Haus. Aber auch diese Vorbereitungsarbeiten müssen, wenn sie dauernde Werte schaffen sollen, nach Plan und Methode so gestaltet werden, daß sie dem psychologischen Grundgesetz der kindlichen Selbstbetätigung nach Möglichkeit nahe kommen. Andernfalls sind die Ergebnisse äußerst dürftige. Von dieser Überzeugung durchdrungen, gehen unsere Bestrebungen, die Lernschule in eine Arbeitsschule mit Selbstverwaltung der Schüler umzuwandeln, aus. Wir klagen über die geringen Erfolge der Lernschule. Man frage unsere Sekundaner und Primaner, weshalb sie in den meisten Unterrichtsstunden verzweifeln, ulken oder schlafen, weil ihre geistige Mitarbeit in keiner geeigneten Weise, weder durch den persönlichen Vortrag des Lehrers noch durch die Lehrmethode, in Anspruch genommen wird.

Nun gibt es gewiß auch nicht zu wenige Fälle, in denen es nicht gelingen will, die Selbstbetätigung des Kindes in bezug auf nützliche Leistungen in Bewegung zu setzen. Und gerade diese Fälle sind die kritischen, weil sie die Gefahr in sich schließen, daß das Kind in seinen Leistungen zurückbleibt oder seinen gleichwohl geweckten Selbstbetätigungstrieb in unmoralische, unsoziale oder verbrecherische Bahnen leitet.

Hierbei können zunächst Mängel der Gesundheit, der körperlichen Entwicklung, ja einer psychopathischen Artung eine Rolle spielen, Auch die Perioden des Wachstums bringen Verzögerungen mit sich, hiervon soll später die Rede sein.

Es darf auch nicht vergessen werden, daß das Kind wie der Mensch überhaupt mit einem dem ganzen Geschlecht angeborenen Beharrungsvermögen behaftet ist, das auch den bekannten Misoneismus, den Haß gegen das Neue, erklärt.

Ein Vater fragte mich, ob er recht gehandelt habe, seinen zweijährigen Knaben mit einem Stock bis zur Erzeugung von Schwielen zu schlagen, als er nach Entfernung des alten, fast durchgebissenen Gummihütchens die mit einem neuen Hütchen versehene Milchflasche einen halben Tag lang zu nehmen sich weigerte. Dieser Vater schien keine Ahnung zu haben, wie auch wir Erwachsenen uns sträuben, so manches, fast durchgebissenes Gummihütchen auf der Milchflasche der Menschheit, und sei es noch so töricht, herzugeben.

Die Erziehung hat also Methoden und Mittel zu suchen, dem noch nicht in genügende Bewegung gesetzten Selbstbetätigungstrieb des Kindes geeigneten Anlauf zu geben. Diese Wege werden später gezeigt werden.

Wenn der Selbstbetätigungstrieb in ungünstige, in unmoralische oder gar verbrecherische Bahnen einlenken will, so hat seine Ablenkung auf wertvolle, moralische Ziele nach dem im Eingang geschilderten Grundsatz der Eindämmung des ungünstig gearteten Seelenlandes und der Erschließung des gesegneten Gebietes zu erfolgen, hierbei ist zu bemerken, daß es eine ganze Reihe seelischer Strebungen gibt, wie Impulsivität des Willens, verlangen nach dem Neuen, Widerstand gegen Zwang und dergl., die je nach der Verknüpfung mit wertvollen oder ungünstigen Zielen, die sie erlangen, in ihren äußersten Gegensätzen zur moralischen Großtat oder zum Verbrechen führen können, hier wird die Verantwortung der erzieherischen Zielerschließung von besonders schwerwiegender Bedeutung.

III. Die intellektuelle Erziehung.

In der erzieherischen Beeinflussung des kindlichen Vorstellungslebens steht an erster Stelle die Entwicklung der Aufmerksamkeit. Unter dieser verstehen wir den Zustand, durch den die fortwährende Vorstellungsbewegung in unserem Gehirn zugunsten einer einheitlichen festgehaltenen Vorstellung oder Vorstellungsgruppe vorübergehend beschränkt wird. Unsere

Aufmerksamkeit ist teils eine willkürliche, die also geübt sein will, und teils eine unwillkürliche, spontane. Die letztere hat einen innigen Zusammenhang mit dem Gefühlsleben des Menschen, aus dem heraus sie gespeist wird. Die unwillkürliche Aufmerksamkeit folgt den angeborenen Neigungen, folgt der eingeborenen Veranlagung des Individuums; sie enthüllt uns deshalb seinen intimsten seelischen Gehalt. Andererseits beruht auf dieser aus der Gefühlswelt herausgeborenen spontanen Aufmerksamkeit die willkürliche Aufmerksamkeit, die neben der Begabung den Hauptfaktor der intellektuellen Ausbildung darstellt. Bei der erzieherischen Entwicklung der Aufmerksamkeit, hierin liegt ihre unabsehbare Bedeutung, werden also die wesentlichsten Gefühls- und vorstellungswerte des Kindes verknüpft und gemeinsam beeinflußt.

Die Aufmerksamkeit steht zur Begabung nicht immer im geraden Verhältnis. Gerade ein besonders begabtes Kind kann durch den Reichtum seines Gefühls- und Vorstellungslebens zerstreut und an der Übung und Ausbildung des Konzentrationsvermögens verhindert werden, die einem in beschränktem Gefühls- und Vorstellungskreis sich bewegenden Minderbegabten Kind leichter gelingen kann. Immerhin bleibt das Konzentrationsvermögen die wesentlichste Grundlage der intellektuellen Ausbildung. Zugleich erhält es wichtige Bedeutung für das moralische Leben, sofern die rechtzeitige Bildung eines ethischen Urteils oft nur der durch die Aufmerksamkeit hervorgerufenen inneren Sammlung gelingt. Zahlreiche Vergehungen des Leichtsinns, des Übermuts, der Fahrlässigkeit können bei rechtzeitiger intellektueller – und damit zugleich moralischer – Konzentration vermieden werden. Auch Impulsivität des Willens, Affektzustände und Leidenschaften, die ebenfalls alle sehr häufig dem verbrecherischen Menschen eignen, können in dem Konzentrationsvermögen ein Hemmnis ihrer Betätigung erfahren, wir erkennen also die hohe Bedeutung der Konzentrationsgabe für des Menschen ganzes intellektuelles und moralisches Leben und wundern uns über die geringe Planmäßigkeit, die bisher ihrer Ausbildung zugrunde gelegt worden ist.

Da die Aufmerksamkeit, wie wir hörten, den Neigungen und den Anlagen folgt, so ergibt sich ein einfaches Gesetz, wer ein zerstreutes Kind zu erziehen hat, suche dessen nützliche Neigungen mit Sorgfalt, Liebe und Nachsicht auf. Er vergesse nicht, daß jedes Kind, selbst das schwachsinnige, solche nützlichen Neigungen hat. An diesen die Aufmerksamkeit, die ihnen an sich bereits folgt, durch Aufmunterung, Lob und Übung auszubilden, gewissermaßen zu befestigen, zu fixieren, wird unschwer gelingen. So kann man die Aufmerksamkeit als eine beinahe besondere, gewissermaßen technische, formale Fähigkeit entwickeln, sie danach von den angeborenen nützlichen Neigungen, an denen man sie gewann, in gewissem Sinne ablösen und auf andere nützliche Gebiete, auf denen des Kindes angeborene Neigungen nur schwach sind, übertragen, transponieren. Dieses Transponieren ist überhaupt ein wichtiges psychologisches Mittel der Beeinflussung.

Wo Neigungen freilich völlig fehlen, kann auch keine sie begleitende Aufmerksamkeit entdeckt und gebildet werden. Aber die meisten für die soziale Gegenwart erforderlichen Neigungen bringt das Kind in der Erbschaft vieler Generationen angeboren mit. Es fehlt nur an dem forschenden Auge, welches sie aufsucht, und an der treuen Hand, welche sie pflegt und großzieht. So sehr sich die Erziehungswege der Natur in Artung und Wesen des Kindes selbst schon gebahnt vorfinden, so kann ihnen doch unmöglich, wenn nicht ein Produkt des Zufalls erwartet werden soll, alles überlassen bleiben, wir wissen ja, wieviel auf allen Lebensgebieten fördernde Kleinigkeiten zu erreichen vermögen. Mit dem Ausbilden und dem geschilderten Transponieren der Aufmerksamkeit wird also weiter gewonnen, daß der Erzieher sich über alle nützlichen, wenn auch schwachen Anlagen des Zöglings vergewissert, während sonst häufig die Eltern über diese Anlagen recht im unklaren sind. Die Ausbildung der Aufmerksamkeit gibt also ohne weiteres die Pflege, wenn nicht die Entdeckung der individuellen nützlichen Zähigkeiten an die Hand. Damit knüpfen wir an das früher gekennzeichnete erste Grundgesetz der Erziehung an, das uns befiehlt, in der Seele des Kindes den guten Boden zu beackern und immer weiter auszubreiten, weil hierbei das steinige Gebiet an Ausdehnung verliert. Günstige Fähigkeiten, die gar nicht gepflegt oder gar nicht entdeckt werden, fallen oft der Verkümmerung anheim, womit zugleich auch nützliche Gegenwirkungen wider die ungünstigen Anlagen preisgegeben werden.

Der Mangel an Konzentrationsfähigkeit, die Zerstreutheit, verursacht auch die bekannte springende Gedankenverbindung des Kindes, die bei dessen auffälligem Fragetrieb und bei den Äußerungen des sogen. *enfant terrible* deutlich hervortritt. Diese springende Gedankenverbindung läßt nun, was so sehr übersehen wird, nicht nur tatsächliche Zwischenglieder aus, sie springt auch über ethische Bindeglieder hinweg. Die Regulierung der Aufmerksamkeit durch den Unterricht gewährt also auch schon hierdurch der ethischen Erkenntnis Vorteile. Der Mangel an Fähigkeit zur Sammlung verhindert das Kind, sich im Augenblick der Anfechtung die Gebote des Sittengesetzes innerlich vorzuhalten.

Auch die Gedächtnisleistung wird von der Aufmerksamkeit beeinflußt. Dabei hat jene nicht etwa bloß Bedeutung für die Ausbildung des Intellektes, sondern auch des Gemüts. Die Dankbarkeit, aus der dem Charakter so viele wohltätige Strebungen zufließen, ruht zu einem Teil mit auf dem Gedächtnis. Dasselbe gilt von anderen sympathischen Regungen der Kinderseele, von der Zuneigung zu den Eltern und dem Wohlwollen gegen dritte Personen, die sich alle nur mit Unterstützung des Erinnerungsvermögens befestigen können. Die ganze moralische Erziehung gelingt nur auf dem Boden der Gedächtnisleistungen. Das ist beim Individuum genau wie beim ganzen Geschlecht. Die sittliche Aufwärtsentwicklung der Menschheit beruht auf dem Gedächtnis der Jahrtausende. Kinder quälen Tiere, weil sie sich zuweilen tatsächlich dessen nicht erinnern, daß Tiere unter den Quälereien ebenfalls leiden. Kinder erinnern sich in ihrem der Wirklichkeit häufig abgekehrten lieben der guten Lehren, Warnungen, Versprechungen, Drohungen, Belohnungen und Strafen nicht so, wie Erwachsene sich erinnern. Deshalb bleiben diese Ermahnungen usw., was uns so sehr überraschen will, oft so wirkungslos.

Man hat eben einem Kind seine Unart vorgehalten und es für die Zukunft ermahnt, verwarnt. Kaum ein Tag, kaum eine Stunde ist vergangen, da bietet sich die nämliche Gelegenheit, und das Kind verfällt in denselben Fehler. Der Vater nimmt den Jungen vor, redet ihm väterlich zu Herzen, ruft ihm die Ermahnungen zurück und fragt, wie es denn möglich sei, daß er nach so kurzer Zeit die Warnungen unbeachtet lasse. Da sieht ihn der Knabe an und spricht: „Vater, ich hab's vergessen!" Nicht immer braucht dies wahr zu sein, der Erzieher kann aber am Ton, am Blick des Kindes merken, ob es die Wahrheit sagt.

Noch ein anderer Umstand ist zu berücksichtigen. Ein gewisses, von der Natur selbst gewährtes ausgleichendes Verfahren verwischt im Menschen schnell die unangenehmen Eindrücke. Es handelt sich gewissermaßen um ein Selbstheilungsverfahren der Natur, ohne das der Mensch über seinen Schmerz, sein Leid, sein Unglück in vielen Fällen nicht hinauskommen würde. Aus demselben Grunde verwischen sich auch im Kind, und ihm noch besonders schnell, Verwarnungen, Drohungen und Strafen, denen der Eindruck des Unangenehmen und Peinlichen anhaftet. Ohne daß dieses ausgleichende heilende Verfahren der Natur aufgehoben werden könnte oder sollte, hat die Erziehung des moralischen Gedächtnisses doch auch hier seine Arbeit zu leisten.

Wir erkennen also immer wieder die außerordentliche Bedeutung, welche der Fähigkeit zur Aufmerksamkeit zukommt, deren planmäßige Entwicklung dem Schulunterricht obliegt.

Wir wissen alle aus Erfahrung, daß die Schule dieser Aufgabe vielfach nicht gerecht wird. Dies liegt zu einem Teil an der unpsychologischen Unterrichtsmethode der Lernschule. Auch in dem Unterricht vor allem muß das Erziehungsgrundgesetz der zweckmäßigen Inanspruchnahme der kindlichen Selbstbetätigung angewendet werden, statt dessen beherrscht noch genau wie vor 30 Jahren das System der Zeitvergeudung den Unterricht, hat man denn immer noch nicht gemerkt, daß z. B. die Zurückgabe eines deutschen Aufsatzes oder einer sprachlichen Arbeit in einer sich über viele kostbare Lehrstunden erstreckenden Breite in der Hauptsache fruchtlos bleibt, weil der einzelne Schüler für die Fehler, die andere gemacht haben, gar kein Interesse haben kann, und daß er deshalb während dieser Zeit in Stumpfheit verfallen muß, wenn er nicht schläft oder ulkt? Ist es nicht möglich, diesem veralteten System endlich den Todesstoß zu versetzen? Welche literarische Anregung könnten höhere Schüler in diesen verlorenen Stunden in sich aufnehmen! Ich versichere, ein Teil des Mißerfolges unseres Schulunterrichtes beruht auf der Verschwendung der Zeit! Man verstehe mich nicht falsch! Ich bin kein Gegner der Lehrer, wie es ihrer etliche gibt. Im Gegenteil, ich bin ein Freund der Lehrer, ich beneide sie um ihre Mitarbeit an der Jugendbildung und wünsche vor allen Dingen gegenüber ihrem schwierigen Beruf ihre soziale Stellung von Gesellschaft und Staat höher eingeschätzt! Die Lernschule legt zu einseitigen Wert auf gedächtnismäßige Aufnahme von Ergebnissen. Die Schüler sollen aber vor allem im Unterricht der Arbeitsschule die Entwicklungen in der Vorstellung miterleben, die zu jenen Ergebnissen führen. Erst so wird die Merkfähigkeit für die Ergebnisse lustbetont und erhöht, weil das Miterleben der Entwicklungen das Kind in die ihm angenehme Selbsttätigkeit setzt.

So ist uns Älteren die Unfruchtbarkeit des Geschichtsunterrichts bekannt, die sich überdies bei bekannter mangelnder Vortragsfähigkeit des Geschichtslehrers steigert. Wenn der Geschichtslehrer die Schüler, wie er soll, für die Taten und Lehren der Vergangenheit begeistern will, muß er in gewissem Sinne ein Vortragskünstler sein. „Allein der Vortrag macht des Redners Glück" heißt es auch hier, viele sind berufen, aber nur wenige auserwählt! Dasselbe gilt vom Lehrer der deutschen Literatur, wann endlich wird sich der Staat besinnen und – Zu seinem eigenen Frommen – solche Lehrer heranziehen und in Anerkennung ihrer wichtigen sozialen Aufgabe in angemessener Weise anstellen? Wir Älteren hatten vor allem Herrscher und ihre Regierungszeiten, Kriege und ihre Schlachten usw. uns ins Gedächtnis zu prägen. Aber das kam nicht zur Geltung, daß die Geschichte eine Entwicklung der Gesamtkultur eines Volkes auf staatlichem, wirtschaftlichem und geistigem Gebiet ist. Davon wurde uns nichts gezeigt, wie diese drei Entwicklungskräfte einander bedingen. Aber gerade erst bei solcher Methode erhält der Schüler Begriff von dem wahren Wesen der Geschichte und Aufmerksamkeit sowie Gedächtnis für ihre Bedeutung. Nun wird seine Phantasie wahrhaft angeregt zum Miterleben der Ereignisse, denen er sonst ganz befremdet gegenübersteht. Jetzt erhält er Einblick in Vorgänge und Charaktere sowie in die Wechselwirkung beider. In den Oberklassen lernt er sogar Kritik zu üben und den Wert der in der Geschichte wirkenden Kräfte abzuschätzen, ja er wird von der Lust erfüllt, an der Kulturarbeit des eigenen Volkes mitzuarbeiten und die große Bedeutung der historischen Erziehung an sich selbst zu erleben, welche weiten Aussichten einer moralischen Erziehung bietet ein so erteilter Geschichtsunterricht, der jetzt fast völlig verloren geht! Welche unökonomische Vergeudung der kostbaren, an sich zur Aufnahme lustbetonten Lernstoffs empfänglichen Jugendzeit!

Wie auf dem Gebiet des Geschichtsunterrichts hat die bloße Lernschule auch in anderen Unterrichtsfächern versagt. Ich erinnere weiter an die Mangelhaftigkeit des Geographieunterrichts, in dem anstelle eines trockenen Sachberichts ebenfalls eine Aufhellung des kindlichen Horizonts über die Herrlichkeiten und Seltsamkeiten der Erde und der Meere zu treten hat. Gelegentliche Lichtbildervorträge dürfen nicht fehlen, wie kann in solchem Unterricht auf den höheren schulen der im Schüler schlummernde gesunde Geist des Realen zu Nutz und Frommen des individuellen und sozialen Empfindens mächtig angeregt werden. Auch diese Gelegenheit wird jetzt noch verabsäumt.

Die Einführung des biologischen Unterrichts auf den höheren Schulen würde die Schüler erstens in die ihnen angemessene Selbsttätigkeit versetzen, die psychologisch schon der Aufbau und Fortschritt im biologischen Unterrichtsstoffe mit sich brächten, hier ist alles Entwicklung, und Entwicklungsgesetze werden vorgetragen und erkannt. Mitten hinein wird der Schüler versetzt. Er bekäme von der ihn umgebenden Welt eine angemessene Vorstellung, was seiner Charakterbildung heilsam wäre, und fände eine treffliche Vorschule philosophischer Betätigung.

Überall stehen uns lange notwendige Reformen bevor. Die staatliche schule hat eine Hauptsache versäumt, durch ihren Unterricht die Aufmerksamkeit und das Gedächtnis des Schülers zu entwickeln und durch Befriedigung der kindlichen Selbstbetätigung, die nützlichen Willensantriebe in Bewegung zu setzen. Auf Rechnung dieses unpsychologischen Unterrichts sind zahlreiche Verkümmerungen wertvoller kindlicher Kräfte zu setzen, die dann dem Unsozialen oder gar dem Verbrechen anheimgefallen sind.

Nicht immer will es gelingen, die Aufmerksamkeit des Schülers in genügende Bewegung zu setzen. Die sogenannte echte Schulfaulheit ist eine dauernde Schwäche der willkürlichen Aufmerksamkeit, ist ein Mangel an Selbstzwang zur anhaltenden Arbeit, wenn aber hieran Mangel an Begabung oder gar gesundheitliches Manko die Ursache sind, so kann nicht von Faulheit gesprochen werden, von gewissen Kindern können eben bestimmte hohe Leistungen nicht verlangt werden. Minderbegabte

Kinder müßten dauernd gesondert unterrichtet, vorübergehende Störungen in sogen. Förderungsklassen, wie sie das Mannheimer Schulsystem kennt, ausgeglichen werden, hierdurch würden die Schüler vor Unlust gegenüber der Schule bewahrt, und Erbitterungen, die ihrem Charakter nicht heilsam sind, würden ihnen erspart. Die Schule soll nicht fragen, welches Normalmaß muß jeder Schüler lernen, sondern welches Maß von Kenntnissen kann der einzelne individuelle Schüler aufnehmen?

Die wirklichen Ursachen der Schulfaulheit rechtzeitig zu erkennen, ist eine wichtige Erziehungsaufgabe. Die echte Schulfaulheit, die nicht immer bei den Unbefähigten sich findet, wird bekämpft durch planmäßige Übung der Aufmerksamkeit nach den Methoden der Arbeitsschule, durch Übung des Gedächtnisses, durch Gewöhnung, sich anzustrengen, und durch die so wichtige Hebung des Selbstvertrauens. Das Gelingen, das mit gewissen Kindern geübt werden muß, speichert Willenskräfte auf.

Erst die planmäßige Entwicklung der Aufmerksamkeit und die methodische Befriedigung der kindlichen Selbstbetätigung lassen den Schüler zu gewissen Höchstleistungen gelangen. Zweifellos muß schon das ältere Kind in der Anspannung seiner Kräfte bis Zu einem verhältnismäßigen Höchstmaße geübt werden. Derartige Vorbereitungen für die Zukunft, die oft von dem Menschen solche Höchstleistungen fordert, sind erzieherisch geboten, hierher gehören die deshalb unentbehrlichen Prüfungsarbeiten und Extemporalien, die nur nicht einen einseitigen Maßstab für die Gesamtbeurteilung des Schülers geben dürfen. Solche Anspannung der kindlichen Kräfte zu Höchstleistungen kann schon zur Bildung des sittlichen Willens hinüberführen, wer aber solche Höchstleistungen ohne planmäßige Entwicklung der Aufmerksamkeit und ohne methodische Befriedigung der kindlichen Selbstbetätigung fordert, der will Ergebnisse sehen, ohne daß er die Entwicklung, die zu diesen Resultaten führt, darbietet.

Dem Kind ist eine gewisse konkrete Denkweise eigen, weil ja seine Erkenntnis lange Zeit nur auf seiner Erfahrung beruht, die an der gegenständlichen Wahrnehmung haftet. Der Unterricht hat diese konkrete Denkweise durch Ausbildung des Begriffsvermögens in eine abstrakte umzuwandeln. Dieses Denken in Begriffen hat ebenfalls die willkürliche Aufmerksamkeit zu leisten. Auch hier handelt es sich nicht nur um eine Schulung des Intellekts. Im Bereich der Moral und der Ethik operieren wir außerordentlich viel mit Begriffen. Tugend und Sünde, Gerechtigkeit, Undankbarkeit und viele andere Begriffe spielen eine Rolle. Diese Abstraktionen bereiten dem ungeschulten Intellekt manche Schwierigkeiten, die auch die moralische und gefühlsmäßige Auffassung dieser Begriffe erschweren, auch hier muß also die Aufmerksamkeit ethisch aufklärend wirken.

Nur mit kurzen Worten sei des staatsbürgerlichen Unterrichts im Schulplan gedacht, wir haben erkannt, daß schon dem älteren Kind eine deutliche Vorstellung von den Einrichtungen und Wirkungen der zentralen und örtlichen Verwaltungsstellen des staatlichen Organismus gegeben werden muß, weil erst hierdurch Interesse und Wohlwollen für diesen Staat, der sie alle schützt und nährt, in den heranwachsenden jungen Staatsbürgern geweckt werden können. Die Erziehung des Wohlwollens für den Staat läßt auch die Erkenntnis reifen, daß seine Gesetze, vor allem auch die Strafgesetze, zum Heile des Ganzen befolgt werden müssen, wir haben hier ein schönes Beispiel, wie die Erweiterung des Vorstellungskreises im Sinne von Johann Friedrich Herbart der Entwicklung sittlicher Gefühle Spielraum gibt. Im übrigen haben insbesondere die Übertreibungen des Herbartschen Erziehungssystems gezeigt, daß die bloße Erweiterung des Vorstellungskreises nicht ohne weiteres auch den sittlichen Charakter erzeugt, Vielwissen erzeugte durchaus nicht immer auch kräftiges handeln. Der Fehler lag aber auch mit in der übertriebenen Forderung nach dem wissen von bloßen Ergebnissen, das häufig ein totes, ein nicht gefühlsbetontes sein wird. Aber das von der Arbeitsschule gebotene wissen von den Entwicklungen und ihren Ergebnissen ist sehr wohl dazu angetan, die zu den Vorstellungen gehörigen Gefühle anzuregen und zu wecken, die nun erst den Gedanken ihren weg bahnen oder zum mindesten ihre Kraft und Lebendigkeit verleihen. Die Erziehung muß aber die Gefühls- und Willenswege auch noch durch besondere Mittel – außer durch Bildung der Intelligenz– zu ebnen versuchen, hiervon wird später die Rede sein.

Es gibt Kinder, bei denen die Entwicklung der Aufmerksamkeit nicht oder nur in ganz dürftiger weise gelingen zu wollen scheint, hier stehen Eltern und Erzieher in schmerzlicher Ratlosigkeit dem Kind gegenüber, wie die vielen mündlichen und schriftlichen Anfragen bei mir aus allen Teilen Deutschlands nach meinen Vorträgen mir beweisen.

Zunächst vergesse man eines nicht: jedes normale Kind trägt die naturgemäße Veranlagung in sich, Aufmerksamkeit und Selbstbetätigung nach den vorhandenen Kräften zu entwickeln. Wenn also ein Kind in diesen beiden ausschlaggebenden Richtungen nicht vorwärts kommt, so liegt es nicht etwa an seinem bösen Willen. Es ist nach der Anlage des menschlichen Organismus ganz undenkbar, daß ein Kind sich planmäßig vornehme, die Entwicklung seiner Aufmerksamkeit und seiner Selbstbetätigung zu verhindern. Der menschliche Selbsterhaltungstrieb würde ein solches absurdes Beginnen im Keime ersticken.

Vielleicht liegt ein Mangel an Kräften vor. Diese Vermutung ist die allernächste, wenn Kräfte nicht funktionieren, so fehlen sie meist. Vorhandene Kräfte haben nach einem Naturgesetz das Bedürfnis nach Funktion. Man lasse das Kind durch den Kindernervenarzt, den wir viel zu selten als Berater bei der Erziehung heranziehen, untersuchen; vielleicht stellt er irgendein Defizit fest. Es gibt Kinder, die in ihrer Entwicklung zurückbleiben, und erst später allmählich ihre Altersgenossen annähernd wieder einholen. Es ist nicht gerade erfreulich, aber auch kein Unglück, wenn solche Kinder ihrer Entwicklung ein oder zwei Jahre, vielleicht sogar drei mehr opfern müssen, als andere. Häufig läßt sich der organische Mangel, der auch die seelische Hemmung hervorruft, heilen oder lindern. An solchen Kindern soll man nicht vorzeitig verzweifeln, was nur zu Mißgriffen in der Erziehung und ungünstiger Beeinflussung des Kindes selbst führt. Organisch nicht gesund oder krankhaft veranlagt zu sein, ist keine Schande. Es gibt auch kurze, vorübergehende Hemmungen der Entwicklung, denen sogar ein rasches Nachwachsen folgen kann, vielfach liegen Fehler der Eltern in der ersten Kinderpflege vor. In den ersten Mannesjahren sind solche ungünstige organische Zustände häufig ausgeglichen, wenn nicht beseitigt. Und auf dieser Zeit, nicht auf der Kindheit liegt der Schwerpunkt unseres Lebens. Zuweilen werden solche zurückgebliebenen Kinder sogar bedeutende Männer ihrer Zeit. Das Genie wohnt durchaus nicht immer in einem kraftstrotzenden Körper. Das psychophysiologische Gesetz der Kontrastwirkung, der Wirkung durch Gegensätze, erklärt sogar die häufige Erscheinung des Gegenteils. Eine große Entwicklung verlangsamt manchmal ihr Anfangszeitmaß. Gerade das Gefühl der organischen Minderwertigkeit, dies lehrt ein anderes psychophysiologisches Gesetz, treibt manchmal die höchsten geistigen Anlagen mit einer gewissen Gewaltsamkeit im Menschen hervor.

Handelt es sich um ein angeborenes seelisches Defizit, das ebenfalls der Kindernervenarzt ermitteln kann, so müssen sich die Eltern bescheiden und den Ursachen der psychopathischen Wirkung in der erblichen Belastung durch psychopathische oder abnorme Aszendenten oder in einer Schädigung im Mutterleib nachgehen. Dabei werden die Eltern auch bescheiden in ihren Anforderungen an das Kind werden.

Das psychopathische Kind selbst ist jedenfalls an seiner Veranlagung schuldlos, die möglichst zeitig zu erkennen Aufgabe des Erziehers ist, weil eine falsche Behandlung die Wirkungen der pathologischen Veranlagung nur steigern kann. Viele Eltern schämen sich aus falscher Eitelkeit, dem Kern des Übels auf den Grund zu gehen, das sie auf solche Weise nur verschlimmern. Diese jugendlichen, zu spät erkannten Psychopathen reihen sich zahlreich in das Heer der jugendlichen Verbrecher ein, aus dem sie oft, auch weiterhin unerkannt, in die Armee der Gewohnheitsverbrecher und Unverbesserlichen aufrücken. Wird der psychopathische Zustand frühzeitig erkannt, so können durch ärztliche Beeinflussung und angemessene Erziehung noch leidliche Resultate erzielt werden. In der Schule müßte der Schularzt, wie er die tuberkulösen Kinder herausfinden und zur Kräftigung ihrer Gesundheit einer gesonderten, für unbemittelte Eltern von der Schule zu gewährenden Behandlung zuführen soll, auch die Psychopathen, unter ihnen auch die leichten und bloß abnormen, entdecken. Alles dies aber müßte mit jenem sozialen Wohlwollen geschehen, das uns heute noch so sehr fehlt und erst noch kräftig entwickelt werden muß. Die erzieherische Beeinflussung der psychopathischen Kinder in der Schule müßte ohne Aufsehen und Kränkung der schuldlosen Jugendlichen erfolgen. Welche reichen Aufgaben stehen der Schule der Zukunft noch bevor. Zahlreiche Menschen kann sie auf solche Weise vor dem Verderben retten. Ein verhältnismäßig nicht geringes Menschenglück kann solchen Kindern noch beschert werden! Auch auf diesem engeren Gebiet ergibt sich, wie planlos in unserer angeblich aufgeklärten Zeit die allerwichtigste Frage der Kindererziehung gehandhabt wird.

Endlich sind häufig mißliche häusliche Verhältnisse oder eine bis in die Einzelheiten gänzlich verfehlte Art und Weise der Erziehung die Ursachen, daß sich die willkürliche Aufmerksamkeit nicht bilden und die normale Selbstbetätigung nicht funktionieren will.

Erst wenn man diese aufgeführten drei großen Gruppen von Kindern und Jugendlichen ausgeschieden hat, kann man daran gehen, die Ursache der rückständigen Entwicklung auch mit in einem Verschulden der Kinder selbst zu suchen.

Da die Aufmerksamkeit den Neigungen des Menschen folgt, so wendet sie sich also auch von selbst den ungünstigen Anlagen des Kindes zu. Bei solchem Zustand hat man zweierlei zu unterscheiden; erstens die ungünstigen Anlagen, die angeboren sind, und zweitens die Aufmerksamkeit, die sich an den ungünstigen Neigungen vielfach sehr kräftig entwickelt. Die Fähigkeit zur Aufmerksamkeit an sich fehlt also in diesen Fällen nicht. Sie muß zu Zwecken der Erziehung von den ungünstigen Neigungen abgelöst und auf die vielleicht spärlich vorhandenen günstigen Neigungen übertragen – wir sagten schon früher transponiert – werden. Es muß, um mit anderen Worten zu sprechen, den vorhandenen Strebungen und Kräften des Jugendlichen ein nützliches Ziel geboten werden. An einer solchen nützlichen Zielsetzung fehlt es häufig schlecht erzogenen und mangelhaft beaufsichtigten Kindern. Das nützliche Ziel muß sich natürlich innerhalb der kindlichen Fähigkeiten halten. Es gibt zahlreiche Kinder, die lediglich deshalb dumme Streiche machen oder gar Straftaten – Bandendiebstähle! – verüben, weil sie zu ordnungsgemäßem Spiel, zu zweckmäßiger lustbetonter Beschäftigung usw. nicht angehalten werden, weil sie sich unbedingt betätigen, weil sie etwas vorhaben wollen. Hier sind also an sich Kräfteverhältnisse vorhanden, die das Nützliche zu leisten vermögen. Ja, man wird bei genauerem Zusehen finden, daß diese Kräfte und Strebungen, die von selbst zur Betätigung drängen, in der Richtung auf soziale Ziele sehr oft –darin zeigt sich ihre natürliche Artung – besser funktionieren, als in der entgegengesetzten Richtung. Auch das darf nicht außer acht gelassen werden, daß gerade im Triebleben des Kindes, bevor der sittliche Wille des jungen Menschen sich bildet, die Kräfte und Strebungen eine Betätigung suchen, die dem gereiften sittlichen Bewußtsein als unmoralisch erscheint. So wird die Kraft, die den Jugendstreich, ja selbst eine jugendliche Gesetzesübertretung bewirkt, in späteren Jahren häufig als Trägerin des Mutes, der Ausdauer, der Pflichterfüllung wertvoll. Aus diesem Grund muß man sich die Jugendstreiche und Jugenddelikte auf ihre wirkenden Ursachen sehr genau ansehen, um sie gerecht zu beurteilen. Deshalb werde ich nicht müde, zu lehren, die jugendliche Missetat psychologisch auf das feinste zu analysieren, weil man ja sonst gar nicht wissen kann, was man bestraft! Gelingt die Ablösung der Aufmerksamkeit und der seelischen Strebungen von den unsozialen Zielen und ihre Übertragung auf soziale Bahnen, so wird auch im Sinne des anderen Erziehungsgrundgesetzes gearbeitet, so werden die ungünstigen Neigungen (nicht ausgetilgt, was keiner Erziehung gelingt!) eingedämmt, zurückgedrängt, in ihren Wirkungen geschwächt, dagegen die guten, die nützlichen Anlagen gestützt, gehoben, gekräftigt. Daß hierauf so sehr viel, ja alles ankommt, wurde schon auseinandergesetzt. Gerade darin liegt die so verantwortungsvolle Aufgabe der Erziehung, in der Jugend, da alle Kräfte in gewissem Sinne noch bildsam sind, zu befördern, daß die gewissermaßen neutralen, weder für das Gute noch für das Böse bereits entschiedenen Strebungen des Kindes in die rechten, in die moralischen und sozialen Bahnen geleitet werden. Gerade in dieser Hinsicht begehen die Erzieher die meisten Fehler, indem sie erstens die kritische Lage ihres Zöglings gar nicht erkennen und ferner auch zur moralischen Führung der entdeckten schwankenden Kräfteverhältnisse nichts tun. Sie überlassen es im besten Fall einem glücklichen Zufall, die richtigen Wege zu bahnen, wenn sie nicht mit Unverständnis und Gleichgültigkeit ihrer Aufgabe gegenüberstehen. Der glückliche Zufall führt nun in den sich selbst bahnenden Erziehungswegen der Natur gewiß oft, sehr oft zum guten Ziel und Ende; aber der unglückliche Zufall liegt dicht daneben, um eines Haares Breite gleitet die gänzlich ungeleitete Kraft in die abschüssige Bahn ab. Auf diesem Wege geraten bei uns in Deutschland jährlich Tausende von Kindern und jungen Leuten mit brauchbaren Zähigkeiten in das Verderben, und die Unfähigkeit oder Unsorgsamkeit ihrer Erzieher trägt die Hauptschuld daran, von diesem Standpunkt aus sind solche gefährdeten Kinder mit Nachsicht oder doch mindestens mit einer wohlwollenden Strenge zu behandeln.

Gelingt die Ablösung der Aufmerksamkeit von den ungünstigen Anlagen und ihre Übertragung auf günstige Neigungen trotz anhaltender zweckmäßiger Versuche nicht, weil jene zu schwach und zu wenig tragfähig, oder die ungünstigen Anlagen zu stark und vorherrschend sind, so ist der Verdacht auf eine nicht normale Anlage ohne weiteres gerechtfertigt. In der Erziehungslehre kann der Satz gar nicht oft genug gelehrt werden, daß sich Normales, Gesundes auf Erden auch in normalen und gesunden Bahnen entwickelt. Fehlt diese normale, von der Natur selbst gegebene Entwicklungsfähigkeit nicht nur scheinbar, sondern tatsächlich, so sind auch die Anlagen anormale, psychopathische. Hier kann unter Zuziehung des Nervenarztes nur eine besondere Familien- oder Anstaltserziehung noch leidliche Ergebnisse erzielen, weil diese Wege aus Unkenntnis oder aus Mangel an Gelegenheit nur selten rechtzeitig eingeschlagen werden, mißraten solche Kinder, wenn nicht die äußeren Umstände besonders günstig sind, häufig gänzlich. Die Behandlung von Psychopathen schwereren oder leichteren Grades ist für den Laien eine kaum erfüllbare Aufgabe. Auch hier lassen sich einigermaßen günstige Resultate sehr wohl noch erzielen, wenn man den Sachverständigen rechtzeitig zu Rate zieht, wiederum zeigt sich, daß vor allem die Erzieher aufgeklärt werden müssen.

Daß es unglückliche Menschen, deren Erziehung durchaus trotz aller Bemühungen mißlingt, geben wird, die dem Laster und dem verbrechen unrettbar in die Arme fallen, wird bei einer Nation von über sechzig Millionen Menschen als unvermeidliche Tatsache hingenommen werden müssen. Der Fortschritt der Kultur hat gerade für unsere Jugend so viel gefährdende Begleiterscheinungen in Versuchungen aller Art im Gefolge, daß ich nicht darüber mich ereifere, daß so viele jugendliche Verbrechen verübt werden, nein, daß ich dem Schicksal dafür danke, daß nicht noch mehr Jugendliche sich straffällig machen!

Im Gebiet des kindlichen Vorstellungslebens, dessen Betrachtung wir nunmehr abschließen, wäre nur noch der Phantasie mit einigen Sätzen zu gedenken. Auch sie ist nicht nur eine besonders geartete Vorstellungsbildung, sondern reicht mit den starken Wurzeln ihrer Kraft in das Gemütsleben hinein. Die Gefühle, welche hinter den Phantasievorstellungen stehen, geben ihnen erst ihre Wirksamkeit. Die Phantasie ist nicht nur eine spielerische Beschäftigung der Gedankenwelt, sie wird bei dem künftigen Künstler, Gelehrten und bei manchem anderen zur Mitträgerin der Berufstätigkeit. Gemütsbildend wirkt sie insofern, als der Mensch sich erst mit Hilfe der Phantasie in die Lage des Mitmenschen versetzen, also Mitgefühl und Mitleid, Mitfreude empfinden kann. Die Phantasie des Kindes darf also nicht durch nüchternen Lernzwang unterdrückt, sie muß vielmehr, wenn sie nur dürftig veranlagt ist, durch Spiel, Märchenerzählen, Lektüre, ästhetische Entwicklung (Gesang, Musik, Betrachtung von Kunstwerken, Theaterbesuch: alles in mäßigen Grenzen) sowie durch den Unterricht (Religion, Geschichte, Geographie, deutscher Aufsatz) genährt werden. Eine zu starke, eine überwuchernde Phantasietätigkeit des Kindes ist deshalb gefährlich, weil sie ihm sehr leicht grauenerregende und verbrecherische Gedankenbilder vorzaubert. Jugendliche Verbrecher leiden oft an einem solchen Übermaß von Phantasie, während sie andererseits der für das Mitgefühl nützlichen Phantasie entbehren. Die Phantasiebilder werden von den hinter ihnen stehenden Gefühlen gezeichnet. Bei solchen zu phantastischen Kindern sind die oben erwähnten Erziehungsmittel zu verändern, selbst das Märchenerzählen kann der Beschränkung bedürfen. Sie sind in realer, nüchterner Weise (Aufträge, Botengänge usw.) zu beschäftigen, die ihren der Wirklichkeit abgekehrten Sinn für das Alltagsleben öffnet.

Auch die erzieherische Behandlung der kindlichen Phantasie wird von der sich entwickelnden Aufmerksamkeit und Selbstbetätigung gewissermaßen von selber mitreguliert. Die willkürliche Aufmerksamkeit bannt die schädlichen und ruft die nützlichen Phantasiebilder herbei. Die Selbstbetätigung lenkt von selber in die Bahnen der das Kind umgebenden Wirklichkeit ein und läßt das phantastische Traumleben hinter sich.

Wir schließen diese Betrachtungen, indem wir nochmals den so bedeutungsvollen Entwicklungsweg kennzeichnen, der von der unwillkürlichen und willkürlichen Aufmerksamkeit, diesem Kern aller Individualität, an der Gedächtnisleistung über die kindliche Selbstbetätigung zum sittlichen Willen mit der bewußten Pflichterfüllung aufwärts führt.

IV. Die erzieherische Beeinflussung des Gemütslebens.

Auch im Bereich des Gemütslebens gilt das schon entwickelte Erziehungsgrundgesetz; die erzieherisch wertvollen Gefühlsstrebungen sind anzuregen und zu entwickeln, die Anregung ungünstiger Instinkte, Triebe und Gefühle ist zu vermeiden.

Ein Gefühl, dem für die Erziehung wertvolle Kräfte entspringen, ist die Freude. Das Kind soll lachen, weil das Lachen Herz und Lungen erweitert und auch ein vorzügliches Verdauungsmittel ist. Deshalb sitzt beim Kind der Lachmuskel so locker. Die Freude versetzt den Menschen in äußere und innere Harmonie. Dieses organische und seelische Wohlbefinden machen ihn für Güte, Dankbarkeit und andere Zartgefühle des Herzens empfänglich, die dem Guten den Boden bereiten, aber das Schlechte schwer aufkommen lassen. Ein Organismus, den solches Wohlgefühl durchströmt, bedarf keiner unsozialen Entladungen. Eine freudige Jugend wird im allgemeinen die besten Seelenkräfte im Kind anregen. Zahllose große Verbrecher hatten eine freudlose Jugend hinter sich, die ihre an sich schon nicht starken günstigen Gefühle verkümmern ließ. Gerade mit ungünstigen Anlagen behaftete Kinder, auch die Psychopathen, bedürfen besonders der Freude, da sie aus der Freudlosigkeit vergiftete Nahrung ziehen. Deshalb hat die Freude auch im Erziehungsplan der Besserungsanstalt und des Jugendgefängnisses ihren Platz zu finden. Hierin sind wir vollkommen rückständig. Wir ahnen nicht – weil wir so schlechte Psychologen waren –, welche seelische Kräftigung selbst Jugendliche mit ungünstigen Anlagen aus der Freude ziehen können. Die Fähigkeit zur echten, also selbstverständlich auch maßvollen Freude, die sich aus schwacher Anlage zu entwickeln vermag, kann Abgründe der Seele schließen. Es gibt auch eine Erziehung zu echter Freude, wir dürfen das nicht vergessen. An das alles mögen die Eltern denken, deren Haus – zum Teil infolge ihres eigenen Verschuldens – niemals eine Stätte der Freude ist. Das Proletarierkind, das von seinen Eltern in einem düsteren, häufig infolge Not und Sorge und Verbitterung freudlosen Heim erzogen wird, ist damit schon moralisch gefährdet.

Das Wohlgefühl in freudevoller Erziehung läßt aus dem jungen Herzen wertvolle Empfindungen in die Mitwelt strömen, wer sich selber wohlfühlt, wird gütig, will auch anderen wohltun. Mitleid und die noch wertvollere Mitfreude können sich entwickeln. Die Keime zur Nächstenliebe und zum Altruismus werden hier gepflanzt. Aus einem freudereichen Herzen geht auch die Dankbarkeit leichter hervor, welche eine Quelle zahlreicher Vorzüge wird. Ein Herz, das der echten Dankbarkeit fähig ist, wird damit gegen viele Anfechtungen gefeit. Alle diese Seelenwerte können natürlich noch nicht im Kind und Jugendlichen, sondern erst im Erwachsenen ihre volle Reife erlangen. Die Freude im Kinderherzen kann Schadenfreude, Bosheit, Neid, Verbitterung, Haß und Nachsucht, die alle schnell zu unmoralischen oder straffälligen Taten hinüberführen, im Keim ersticken; sie hält auch Begehrlichkeit und Genußsucht, die häufig auf eine Entbehrung zurückgehen, darnieder.

Die Freude ist dem Kind in Familie und Schule, im Heim und in der Natur, körperlich und seelisch, durch geeignete Nahrung (gelegentliche Süßigkeiten), Körperpflege (Bäder, Turnen), durch heiteres Spiel, freudige Lektüre, Gesang, Musik, Sommererholung in schöner Natur, an See und Wald, zweckmäßiges Gewährenlassen, liebevolle, gelegentlich zärtliche Behandlung, Vermeidung von Härte usw. zu gewähren, wir sollten einen Begriff von der Wirksamkeit dieses Erziehungsmittels bekommen! Wir stehen hier noch zu sehr in bescheidenen Anfängen. Erziehung der Jugend, vor allem der arbeitenden, durch die Freude sollte eine soziale, eine nationale Aufgabe sein. Hierfür sollten viele Millionen geopfert werden, die wir jetzt nur zu anderen Zwecken aufzubringen vermögen. Die Jugend für sich zu haben, wäre der köstliche Gewinn, der dem Staat selber in allererster Linie zufiele!

Schmerz und Leiden sind bei Kindern und Jugendlichen noch wenig geeignete Erziehungsmittel, deren sich erst die Schule des Lebens mit Erfolg bedient, Kinder sind für den Seelenschmerz an sich und für den seelischen Gewinn aus dem Leid im besonderen noch zu wenig eindrucksfähig. Das kann man an Kindern beobachten, deren Eltern gestorben sind. Wie viele eitle Gedanken mischen sich in ihre Trauer. Deshalb fehlt auch dem Kind der Schmerz über die eigene böse Tat. Auch der echten Reue, die selbst bei Erwachsenen ein seltenes, höchstes seelisches Ereignis ist, wird es kaum fähig. Es ist deshalb ein sehr unpsychologischer Vorwurf, wenn der Erzieher dem straffälligen Kind mit Strenge vorhält, es zeige keine Reue, solcher Vorwurf kann im Kind, das ja eben gestrauchelt ist, die Anlage zur Heuchelei entwickeln.

Also von den günstigen Seelenwirkungen des Schmerzes – Schmerz ist Erkenntnis – finden wir beim Kind noch wenig. Schmerz und Leiden wirken auf Kinder und Jugendliche entweder gleichgültig oder ungünstig. Die oft unsäglichen Leiden, die Kinder von ihren grausamen Eltern zugefügt erhalten (körperliche maßlose Mißhandlungen, seelische Quälereien), werden von den Kindern leicht vergessen, andererseits können sie, wie zahllose Beispiele belegen, in augenblicklicher Wirkung zum Kinder- und Schülerselbstmord führen.

Lieblose, also freudlose, oder gar harte Behandlung lösen in disponierten Kindern leicht die ungünstigen Instinkte und Triebe aus: Widersetzlichkeit, Trotz, Schadenfreude, Neid, Haß und Rachsucht. Ungünstige Affekte wie Zorn, Wut, Eigensinn treten auf. Man darf nicht vergessen, daß in dem von der Vernunft noch wenig regulierten jugendlichen Triebleben gerade diese Auswüchse an sich vorhanden sind.

Wir sagten schon, gerade solche Kinder bedürfen der Freude, der liebreichen Behandlung; harte Behandlung also muß sie gefährden. Die Aufgabe der Erziehung ist hier besonders schwer, da die Eltern gerade solchen Kindern gegenüber, die ihnen selbst keine Freude bereiten, mit Zwang, Strenge und Härte begegnen werden. Aber der Erzieher muß psychologisch erfahrener sein als der Zögling und sich zu beherrschen verstehen. Gerade in solchen Fällen verschulden Unkenntnis und mangelnde Selbsterziehung zahlreiche Fehler. Zu lästiger Zwang und Härte erbittern den Schwärmer, und das Kind ist in seinem Optimismus, in seinem Glückshunger ein solcher kleiner Schwärmer.

Besonders empfindlich ist das Kind gegen die Ungerechtigkeit, die ihm vom Erzieher und Lehrer widerfährt, das Kind ist ein fortgesetzt „vergleichendes" Wesen, wie man schon beim kleinen Kind erkennen kann, das gern Gegenstände, Personen, Eigenschaften, Handlungen usw. fortgesetzt vergleicht. Das Kind und der Jugendliche begreifen bei ihrer mangelnden Erfahrung noch nicht, daß die Verschiedenheit der Behandlung auf unvermeidliche menschliche Schwächen oder andere Ursachen – ein kränkliches Kind bedarf sorgfältigerer Pflege und wird deshalb verwöhnt und „verzogen" – zurückgeht, und reagiert auf die Ungerechtigkeit deshalb mit Verbitterung, Trotz, Unfähigkeit zur Leistung oder wenigstens mit deren Verminderung. Es gibt auch viele Eltern, die in durchaus törichter Weise ein Kind vor dem anderen bevorzugen. Ein gerechter elterlicher Erzieher liebt alle seine Kinder, die ja mit ihren Vorzügen und Fehlern von ihm herstammen, in gleicher Weise, prüft sich fortgesetzt, daß er nicht schon innerlich einem Kind mehr als dem anderen gibt, und hütet sich vor allem, äußerlich mit verschiedenem Maß zu verteilen. Daß übrigens besonders gutgearteten – aber nur solchen – Kindern harte und ungerechte Behandlung seelisch nichts anzuhaben braucht, ja ihre günstigen Fähigkeiten, mittels deren sie ihrer Seelennot innerlich Herr werden können, stark hervortreibt, beweist der dichtende und träumende Volksgeist in den Märchen vom Schneewittchen und vom Aschenbrödel, beweist die Lebensgeschichte manches Großen der Menschheit (Friedrich Schiller). Aber gerade ungünstig disponierte Kinder werden gefährdet. Auch die oft harte und rohe Erziehung im Proletarierhaus wirkt in gleicher Weise. Die Furcht ist kein Erziehungsmittel. Mancher große Verbrecher ist durch eine langjährige Prügelschule gegangen. Damit ist keineswegs gesagt, daß jede körperliche Züchtigung ausgeschlossen sein soll. Ein Streich, ein Schlag zur rechten Zeit kann heilsam sein. Das Kind hat für die Gerechtigkeit solcher Zurechtweisung ein gutes Gefühl. Aber das systematische Prügeln ist zu verwerfen. Der Erzieher, der diese Exekution vornimmt, gerät dabei selbst wider seinen Willen – durch die Affizierung seiner motorischen Nerven – in eine zu starke Bewegung, die ihn das rechte Maß leicht überschreiten läßt. Der gereizte Prügelpädagoge mit dem geröteten Gesicht verliert im Auge des Kindes und damit auch seine Sache. Ein kleiner Junge, der unter der Aufsicht des sehr strengen Vaters seine Schularbeiten fertigen mußte, flüchtete ängstlich zur Mutter, weil er sich vor dem „bösen Fleck" auf des Vaters Stirn fürchtete. Körperliche Züchtigungen auf das Gesäß haben übrigens wiederholt, weil die örtlich nahegelegene Sexualsphäre leicht in Mitleidenschaft gezogen werden kann, zur frühzeitigen, aber für das Leben endgültigen Fixierung von sexuellen Perversionen (Sadismus, Masochismus) geführt.

Die Furcht verwirrt das Gefühlsleben und stumpft die feineren Empfindungen ab. Gerade in sklavischer Furcht erzogene Kinder erwiesen sich, der elterlichen Gewalt entwachsen, häufig als dreiste und frivole Menschen und setzten nun die in der Furcht geübte Heuchelei und Lüge in offene Brutalitäten um. Die Erziehung schaltet die von früheren Generationen her übernommene Furcht in Haus und Schule immer mehr aus. Wir selbst wurden von unseren Eltern immerhin in einem an Furcht grenzenden Respektverhältnis erzogen. Unsere Eltern redeten, zumal auf dem Land, ihre Eltern und Großeltern mit „Sie" an. Schillers Vater gebrauchte bis zuletzt in seinen Briefen an den berühmten Sohn die Anrede „Er"! In der modernen Erziehung ist anstelle des von der Furcht mitgetragenen Respektverhältnisses eine Beziehung des Vertrauens getreten, wir bemühen uns, die vertrauten, Freunde, ja Kameraden unserer Kinder zu sein. So erfährt das Verhältnis zwischen Eltern und Kind eine Verinnerlichung, eine Vertiefung. Es ist gut, wenn der Erzieher sich von Zeit zu Zeit prüft: „Besitzest du auch wirklich das Vertrauen deiner Kinder?" Auch im Verhältnis zwischen Lehrer und Schüler ist das Vertrauensverhältnis das moderne, innerliche und tiefere. Es ist richtig, daß hierbei das alte Respektverhältnis leidet und sich eine Überhebung der Kinder geltend machen kann. Der Takt des Erziehers muß hier die Kinder in ihre Grenzen zurückzuweisen verstehen. Aber das wechselseitige Vertrauen ist doch in der Vorschule des Lebens das wertvollere Erziehungsmittel, und die alte Furcht soll durch eine andere Art Furcht ersetzt werden, durch die Ehrfurcht. Der alte kindliche Respekt soll der neueren Wertschätzung der Eltern durch die Kinder Platz machen. Diese Wertschätzung haben sich die Erzieher freilich erst zu verdienen, aber ein um so mächtigeres Bindemittel des Vertrauens ist sie.

Das Gemütsverhältnis zwischen Eltern und Kindern ist ein Anzeichen der sittlichen Höhe, auf welcher eine Familie steht. Nicht wenige Eltern versagen hierin. In wohlhabenden Kreisen wissen ihrer manche nicht, daß sie die geistige und sittliche Ausbildung des Kindes zu leiten verpachtet sind. In den unteren Volksschichten nimmt man das Kind äußerlich mit gelegentlicher Dickköpfigkeit gegen Lehrer, Arbeitgeber, Polizisten in Schutz. Im Schoß der Familie aber wird es mit Härte behandelt, beschimpft, geschlagen, ja es wird, wenn es sein eigenes Brot verdient, seinem Schicksal überlassen, man wendet sich von ihm ab, kümmert sich gar nicht mehr darum. Tausende von brauchbaren jungen Leuten gehen bei uns jährlich auf diese Weise zugrunde.

Die Erziehung zur Wahrhaftigkeit läßt aus psychologischer Unkenntnis vieles zu wünschen übrig. Die Grundlage dieser Erziehung ist ebenfalls das Vertrauensverhältnis zwischen Eltern und Kind, hat das Kind hier unter Beihilfe der Eltern und Lehrer die richtige Stellung gewonnen, so findet es keinen Anlaß, die Eltern und Lehrer zu belügen, weil es ihnen alles anvertrauen darf. Ein Kind, das Vater und Mutter nicht belügt, ist meist auch wahrhaftig gegen Lehrer, Bekannte und Gespielen. Ein Kind lügt, wenn es sich isoliert oder minderwertig fühlt. Schon Kleinigkeiten in der Erziehung können bedeutungsvoll werden. Ein kleines Mädchen sollte zum Geburtstag für ihre Puppe ein neues Kleid erhalten. Deshalb wurde ihr die Puppe etwa vierzehn Tage vorher heimlich weggenommen und erklärt, das Püppchen mache eine Reise nach Schweden. Das Kind sah aber gelegentlich im Schrank, der aus Versehen offen geblieben war, die Puppe liegen. Darüber fiel es wie aus allen Himmeln und sagte zur Mutter und den älteren eingeweiht gewesenen Schwestern: „Ich wußte ja, daß meine Puppe nicht allein nach Schweden reisen kann. Aber wie soll ich euch nun jemals wieder etwas glauben?" Dieses Beispiel zeigt, wie vorsichtig man auch mit entschuldbaren Unwahrheiten sein muß und daß Kinder vieles in ihrer Umgebung richtig beurteilen, obwohl sie sich darüber ausschweigen. Ähnlich wirken die vielen konventionellen Lügen, deren sich die Eltern in Gegenwart der Kinder in Kinderstube und Gesellschaft schuldig machen. Die Disposition zur Lüge kann vererbt werden, und der Vererbende ist dann zugleich der Erzieher! Zu strenge Erziehung verleitet das Kind zur Lüge, weil es ja seiner ganzen Natur nach gelegentlich fahrlässig und übermütig handelt. Eine weise Nachsicht ist die Seele der Kindererziehung. Das Inquirieren nach Lügen ist in der Kinderstube und im Schulzimmer vom Übel, weil es die harmlose Wahrhaftigkeit trübt. Aus der Lüge erwachsen die ersten jugendlichen Straftaten, die alle ein heimliches, unwahrhaftes Verhalten zum Merkmal haben: der Diebstahl, die Unterschlagung, der Betrug und die Urkundenfälschung. Ein Kind, das stiehlt, lügt auch. Ein Kind, das nicht lügt, stiehlt auch nicht.

Wir leiteten die Lüge aus einem Gefühl der Minderwertigkeit ab, das dem Kind Unlust bereitet und deshalb von ihm überwunden werden will. Die Erziehung zur Wahrhaftigkeit – sie ist möglich, nur wird sie nicht geübt – muß die Quellen der Lügen verstopfen, wir müssen dem Kind über sein Minderwertigkeitsgefühl, das manchmal auch nur ein eingebildetes ist, hinweghelfen, mit einem gewissen Wohlwollen und Nachsicht, am allerwenigsten dürfen wir dem Kind gegenüber seine Minderwertigkeit betonen, sonst lassen wir nur die Lügenquelle reichlicher fließen. Man soll, so gut es möglich ist, alle Anlässe vermeiden, die im Kind das Gefühl der Minderwertigkeit und damit die Lüge aufkommen lassen. In Kleinigkeiten kann man dem Kind mit einem gewissen Humor sagen, daß man sehr wohl wisse, es habe gelogen. Solche Kinder stutzen und erröten: ein wirksameres Mittel als die Schelte! In weniger geringfügigen Fällen zeige man dem Kind in aller Ruhe die Quelle seiner Lüge, also sein Minderwertigkeitsgefühl, auf. Man mache ihm ganz genau klar, es habe aus diesem oder jenem Beweggrund gelogen. Das heranwachsende Kind sieht den Vorgang ein. Nun erkläre man ihm, daß es unnötigerweise zu einem Übel, der Minderwertigkeit, noch ein zweites, die Lüge, häufe und sich dadurch innerlich nur verschlechtere. Es soll vielmehr an Verbesserung der Minderwertigkeit arbeiten, zum mindesten die Lüge beiseite lassen. Man lehre das Kind – beinahe buchstäblich! – die Wahrheit sagen. Auch solche Belehrung ist möglich. Man mache das Kind auf das innere Wohlgefühl aufmerksam, das es in sich spürt, wenn es die Wahrheit gesagt hat. Dieses Wohlgefühl muß es wiederholen, schätzen und lieben lernen. Es handelt sich also wieder um eine von der Natur gegebene physiologische Grundlage der Wahrhaftigkeit. Die Wahrhaftigkeit des Menschen ist ursprünglicher als sein Verstellungsinstinkt. Der Wahrheitsfanatismus schwelgt in jenem Wohlgefühl. Die Wahrhaftigkeit gibt Freiheit, die Lüge Hemmung und Fesselung. Der Drang, die Wahrheit zu sagen, muß sich als motorische Nervenleistung, also innere Bewegungshandlung, physiologisch und psychologisch betätigen. Es handelt sich also erzieherisch darum, dieses Motorische, das dann jenes Wohlgefühl erzeugt, anzuregen. Man muß erzieherisch einen Anlauf, eine Anbahnung bieten; es bedarf exzitierender, anfeuernder, belebender, begeisternder Mittel (Luther: hier stehe ich, ich kann nicht anders, Gott helfe mir. Galilei: Und sie bewegt sich doch!).

Bei dem – phantasievollen – Lügner wird der Vortrag der unwahren Tatsachen lustbetont; es geht ebenfalls etwas Motorisches vonstatten, es entsteht der Drang zum Schwindeln, der sich bei ungehemmtem Motorischen zum Krankhaften, Pathologischen, steigern kann. Dieses Motorische muß natürlich verzögert, gehemmt, die treibenden Phantasievorstellungen müssen ernüchtert, gemäßigt werden. Es handelt sich hier also um ein Doppeltes: um Erziehung der Phantasie und Hemmung des Motorischen im Sinne der an anderer Stelle dieses Buches beschriebenen Behandlung. Es kann auch gelingen, auf das Motorische, das die lügnerische Phantasie in die Welt schleudert, die wahrhaftigen Berichte gewissermaßen aufzupfropfen. Das Motorische als Kraft bleibt also unverändert, nur sein Inhalt wird verändert. Dann muß man jenes schon geschilderte Wohlgefühl an der Wahrheit lebendig und das Lustgefühl am Schwindeln verschwinden machen. Eine sorgfältige erzieherische Heilbehandlung kann hier Erfolg haben.

Die hauptsächlichsten Beweggründe, die Kinder zu Straftaten verführen, sind folgende: Leichtsinn und Übermut, Egoismus, Roheit und Bosheit; Heftigkeit, Impulsivität des Willens.

Daß der Leichtsinn und Übermut wesentliche Hemmungen in einer sorgfältigen intellektuellen Bildung, die Verständigkeit und Besonnenheit gibt, finden kann, wurde schon früher bei Besprechung der intellektuellen Erziehung erwähnt. Leichtsinn und Übermut sind die Folgen augenblicklich mangelnder Aufmerksamkeit, deren moralische Bedeutung hier deutlich hervortritt. Im übrigen sind sie Temperamentssache, und dem jugendlichen Alter bei seinem beweglichen Nervensystem eigentümlich. Sie sind ein Ausfluß des stark Motorischen im Jugendlichen, wenn der Leichtsinn auf eine Neigung, einen Hang zurückgeht, kündet er sich als sich fixierender Charakterfehler an. Seine vorbeugende Korrektur besteht nicht in einer heftigen Strenge, die das leichtsinnige, also sich moralisch nicht sammelnde Kind nur verwirrt. Es handelt sich um einen Mangel der moralischen Aufmerksamkeit. Nur ernste Ruhe, Beruhigung der zu unruhigen Nerven, leidenschaftslose Eindringlichkeit können die ethische Sammlung dieses zerstreuten Jugendlichen hervorrufen. Maßnahmen besonnener Strenge sind am Platz. Die Erziehung muß hier gewissermaßen zum Heilverfahren, die Kinder müssen im zu raschen Tempo ihres „aus sich rollenden" Rades zurückgehalten werden. Das geschieht durch Einschiebung von beschaulicher Tätigkeit in Spiel und leichter Arbeit. Der Erzieher muß mit solchem Kind viel zusammen sein, um beruhigend auf es zu wirken, kleine Kunstgriffe sind am Platz: Zähle, ehe du handelst, bis zehn (bekannte Lebensweisheit von Julius Cäsar!). Entschließe dich zu nichts wichtigem, ehe du eine Nacht geschlafen hast! Immer muß zugleich an den Verstand, dem die unliebsamen Folgen des Leichtsinns vorzuhalten sind, appelliert werden. Gelingt die moralische Konzentration, so ist der Sieg schon halb gewonnen. Beaufsichtigung, Beratung und Unterstützung werden Rückfälle verhüten.

Der Übermut kann sich zur Dreistigkeit und Verwegenheit steigern. Gerade in der Pubertätszeit, wo alle Kräfte urplötzlich wachsen, sind solche Neigungen häufig. Die jugendliche Eitelkeit ist auch nur ein seelischer Gipfel dieses Kräftezuschusses und deshalb fast unausbleiblich. In milden Formen, wenn der Jüngling sein besonderes Sinnen und Trachten auf die Buntfarbigkeit der Krawatte (Farbenfreude ist ein Vorzug der Jugend!) richtet, darf sie belächelt werden, aber mit der Eitelkeit ist der Ehrgeiz verwandt, der die Triebfeder zu den besten Taten werden kann. Hier wurzelt die oft unglaubliche Frivolität und der Zynismus der heranwachsenden Jugend, die, näher unter die Lupe genommen, sich manchmal als weniger bösartige Äußerungen der jugendlichen Renommisterei, Torheit und Borniertheit darstellen. Solche Kinder sind zurückzuhalten; ihre zu lebhafte motorische Beweglichkeit, die den physiologischen Boden ihres Seelenzustandes abgibt, bedarf der Einschränkung, die ernst und energisch, aber ohne Äußerungen der Wut und der Härte zu gebieten hat. Man vergesse nie, daß in der Wut erteilte Züchtigungen fast nie fruchten, weil sie dem Zögling den Erzieher in einer übertriebenen Situation zu zeigen pflegen und leicht völlig entfremden. Ein Junge, der täglich unter Aufsicht des cholerischen Vaters arbeiten mußte, sagte zu seiner Mutter: „wenn ich den garstigen bösen Fleck (die Wutfalten) auf der Stirn des Vaters sehe, fürchte ich mich und bin zu nichts fähig!" Hier wird die Heftigkeit des Erziehers als Hemmung im Zögling ganz deutlich. Dreistigkeit und Verwegenheit sind manchmal jugendliche Ersatzwerte einer starken Kraft, die deshalb auch in ihren Auswüchsen nicht urteilslos verdammt, sondern bei guten Fähigkeiten auf nützliche Ziele gelenkt werden muß. Hierüber wurde schon früher gesprochen, weil den Jugendlichen das Verständnis und die Übung für den richtigen Gebrauch ihrer starken Kräfte fehlen, deshalb verfallen sie auf jene zahlreichen dummen Streiche und schlimmen Dinge, die aber doch einer milden Auffassung bedürfen. In äußersten, gefährlichen Fällen muß die Verwegenheit natürlich gewaltsam gebrochen werden.

Der kindliche Egoismus, der sich in Begehrlichkeit, Genußsucht und Habgier äußern kann, wird gezügelt in einem schwebenden Ausgleich zwischen maßvollem Gewähren und Versagen. Verständen die Erzieher hierin aus eigener Charakterfestigkeit ihre Sache besser, wäre vieles gerettet. Meist aus Mängeln der Erziehung lenkt das Kind in falsche Bahnen ein. Der Erzieher gestehe es sich nur ehrlich selbst. Hat schon jemand die physiologische Ursache des Egoismus untersucht und hiernach seine erzieherische Behandlung eingerichtet? Der Egoismus ist physiologisch, also organisch fühlbar, wie schon der Wortlaut sagt, ein auf das eigene Ich fortgesetzt gerichtetes Beharrungsvermögen. Der Egoist, der in Versuchung kommt, eine selbstlose Handlung zu verüben, kann, wenn er aufmerkt, in sich organisch und psychisch zugleich spüren, daß eine Kräfteableitung nach außen nicht gelingt, selbst bei gutem Willen nicht gelingen will. Die Kräfteableitung nach außen wird verzögert, bleibt gehemmt; die selbstlose Handlung ist unmöglich. Das egozentrische Beharrungsvermögen muß also durch eine Anregung des nach außen wirkenden Motorischen in Bewegung gesetzt werden. Dies geschieht z. B. organisch sichtbar, wenn der Egoist sich nach langem Widerstreben entschließt, jemandem eine Wohltat zu erweisen, einen anderen zu beschenken und dergl. Der Egoist kann hierbei an sich und in sich wahrnehmen, wie die motorische Überwindung des Beharrungsvermögens vonstatten geht. Diese Überwindung zu üben, soll der Jugendliche durch die Erziehung aufgeklärt und angehalten werden. Er soll das Überwindungsgefühl kennen, schätzen und lieben lernen. Mit jedem Mal gelingt die Überwindung leichter. Der Selbstlose besitzt eine Leichtigkeit in der Überwindung des Beharrungsvermögens des Ich, seine Kräfte stieben, ihm ebenfalls organisch bemerkbar, von ihm fort auf Mitmenschen, Umgebung und Mitwelt. Das Gefühl der Leichtigkeit gewährt ihm ein Wohlgefühl, während jenes Beharrungsgefühl selbst den Egoisten mit Unlust erfüllt.

Da es sich also zugleich um ein physisches handelt, ist der ganze Vorgang leichter faßbar und lehrbar, und die Erziehung muß diese neue Methode beschreiten.

Bei der Begehrlichkeit, der Habsucht wirkt das egozentrische Beharrungsvermögen noch in der Art, daß es gewissermaßen wie ein Magnet aus der Außenwelt nach innen zu anziehend tätig wird. Auch dieser Vorgang ist bei Aufmerksamkeit organisch wahrnehmbar. Es handelt sich also um eine auf das Beharrungsvermögen gerichtete Beweglichkeit. Wer das weiß und in seinem Nervensystem spürt, hat aus dem physiologischen, Organischen heraus Mittel, sich gegen seine Begehrlichkeit zu schützen, indem er sich sträubt, dem ihm nunmehr bekannten Anziehungsdrang nachzugeben, sich vielmehr übt, ihn zu überwinden. Es ist zweifellos, daß dieses Organische in dem psychologischen Vorgang im frühen Kindesalter der Menschheit das Ursprüngliche und Einzige war und erst später ins Bewußte, ins psychische erhoben worden ist. Genauso hat es nun die Erziehung des Kindes nachzumachen und mit dem Belehren über das Organgefühl anzufangen.

Diese entwickelten Gesetze sind übrigens erzieherisch noch deshalb wichtig, weil sie auf alle Verhältnisse anwendbar sind, bei denen eine Hemmung nicht überwunden und eine Bewegung nicht gehemmt werden kann. In diesen beiden Vorgängen erschöpft sich das Physische und Psychische!

Die Jugend ist zufolge ihrer Beweglichkeit, also einer mehr physiologischen als psychologischen Artung, auch begehrlich, aber, sieht man genauer zu, nur in Kleinigkeiten. Man beschränke sie hierauf und lenke sie nicht durch Torheit und Unvorsichtigkeit auf das Gebiet der größeren Genüsse des Lebens herüber! Das Kind soll in seinem bescheidenen Eigentum, in seinem kleinen Taschengeld, im Gefühl für Sparsamkeit den notwendigen Wert der Güter des Lebens schätzen lernen. Wem diese Erziehung fehlt, der wird selten später gut haushalten. Entbehrung lockt oft die Begehrlichkeit heran. Jede Überschätzung der irdischen Güter ist dem Kind fernzuhalten. Selbstverständlich spielen die Vermögensverhältnisse der Eltern eine

Rolle. Aber auch der Vermögende biete seinen Kindern – auch mit Rücksicht auf deren weniger bemittelten Kameraden – nicht zuviel; er begeht einen großen Erziehungsfehler: die Schätzung der Glücksgüter soll auf dem eigenen Verdienst, auf der Anstrengung, der Arbeit, der Pflichterfüllung beruhen, sonst ist sie nicht sittlich. Es gibt in vermögenden Kreisen namenlos törichte und für die Kameraden ihrer Kinder rücksichtslose Eltern, deren eigene Unerzogenheit ihr Erziehungsverfahren charakterisiert. So wird der Tanzstundenunterricht zum ersten Anlaß genommen, Söhne und Töchter in das Seelengeheimnis der Verschwendung einzuführen. Die Schule oder geschlossene Elternkreise müssen sich diesem ungehörigen Luxus offen entgegenstellen. Ein Schüler mit zu großem, unkontrolliertem Taschengeld bedeutet eine Gefahr für seine Mitschüler. Man darf es oft geradezu als ein Wunder bezeichnen, daß hier moralisch nicht mehr verdorben wird. Dabei spielen solche unerzogene Eltern oft eine große Rolle in der Gesellschaft; nicht nur Kaufleute, auch geheime Ministerialräte usw. sind solche wandelnden Zeugen unserer unreifen Erziehungsmethode!

Der Wert des Geldes darf dem Kind gegenüber nicht zu sehr betont werden. Ein Knabe folgte spielend, aber er bekam für alles – daß er gut aß, artig spielte, rechtzeitig ins Bett ging – kleine Geldmünzen zur Belohnung, die er allerdings sparte. Der Mutter, die mich hierüber instinktiv befragte, verhehlte ich meine Bedenken nicht: Der Knabe mußte, wenn er nicht sehr gut geartet war, in seinem Handeln zu sehr auf das nicht sittliche Belohnungssystem eingestellt werden und den Wert des Geldes einseitig schätzen lernen.

Zahlreiche Verbrechen – auch Tötungsdelikte – wachsen aus der Roheit heraus. Der Jugendliche neigt, zumal um die Pubertätszeit, zu rohen Handlungen. Aber dabei ist seine Gesinnung meist weniger roh als die Handlung bloß an sich. Diese ist ebenfalls mehr eine Projizierung, eine Übertragung der ungeleiteten motorischen Kraft in die Außenwelt. Kraft ist aber in gewissem Sinne ein Vorzug der Jugend, ihr bester Teil, wir selbst wünschen eine kraftvolle Jugend und müssen deshalb die Begleiterscheinung der Kraft, die sich z. B. in milderer Form in einem gewissen lärmenden, selbstbewußten Auftreten kundgibt, richtig beurteilen. Es gibt beim Jüngling Jahre, wo er glaubt, in festem, fast stampfendem Auftreten der beschuhten Füße komme die ganze Persönlichkeit zum Ausdruck! Das ist überschießendes Kraftgefühl und mangelnde Übung in ihrem Gebrauch! Aber das Rohe liegt nicht weit davon entfernt. Und die Wiederholungen der rohen und ebenso grausamen Handlung treiben auch leicht die rohe und grausame Sinnesart an die Oberfläche. Von solchen Handlungen ist das Kind also fernzuhalten. Ersäufen junger Hunde und Katzen sollen Eltern ihren Kindern nicht überlassen, ja diese sollen den häßlichen Vorgang überhaupt nicht mit ansehen. Die Barmherzigkeit gegenüber Tieren gehört in den Unterricht der Schule, ebenso die Bekämpfung des Barbarismus gegen die unbelebte Natur an der Hand der vortrefflichen Leitsätze der Gebirgsvereine und dergl. Wer die Pflanzenwelt verwüstet und Tiere roh behandelt, läßt sich auch zu Roheiten gegen fremdes Eigentum (Umknicken junger Alleebäume, Zerstören von Brükken und Stegen, Abreißen von Wegweisern, Beschädigung von Bänken usw.) und gegen Menschenleben hinreißen. Ein Totschläger gestand, daß sich die ersten Äußerungen seines Zerstörungstriebs im mutwilligen Zertreten von Wiesenblumen offenbarten.

Die Impulsivität als Ursache der kindlichen Missetat ist eine häufige Erscheinung. Das Kind neigt zu übereilten Handlungen, wie wir schon beim Leichtsinn und Übermut sahen, die auch aus einer zu heftigen Triebbewegung hervorgehen. Zumal Widerspenstigkeit und Trotz, die also vom Erzieher nicht zu provozieren sind, treiben die rasche Tat hervor. Kinder haben, um Vater und Mutter, wie sie sich ausdrücken, zu „ärgern", gestohlen, Feuer angelegt, sich oder andere getötet. Dabei spielen Stimmungen, die organisch und diätetisch begründet sein können, Laune, Affekte, ja Leidenschaftlichkeit eine Rolle. Man glaubt es nicht, welche Leidenschaft in einem kleinen Ringkämpfer auf der Straße stecken kann. Die Impulsivität des Proletarierkindes, das deshalb kriminell gefährdeter ist, erweist sich im allgemeinen stärker als beim Kind der höheren Bürgerschichten. Die Impulsivität ist ein Zeichen größerer Ursprünglichkeit, kann deshalb auch die Trägerin der großen Kraft und der großen Tat sein. Individuelles Temperament und Affektdisposition sind natürlich ebenfalls entscheidend. Die großen Verbrecher sind meist impulsive Naturen; starker Bewegungsdrang charakterisiert sie und wird bei ihren Taten in vorwiegendem Maße wirksam. Dabei wird zufolge ungenügender Erziehung diese Impulsivität durch keinen geschulten Intellekt gezügelt. Gerade diese beiderseitigen Mängel im Affekt und Intellekt gewähren dem Verbrechen so leicht den Zugang. Im Verbrechen der Kinder wie im Verbrechen überhaupt steckt mehr überwiegend Motorisches, also Physiologisches, Organisches, das die Mitwirkung der Willensentscheidung abzulehnen geneigt ist, als wir glauben möchten.

Auch der Impulsivität des Kindes ist, wie schon ausgeführt wurde, im erzieherischen Heilverfahren vor allem durch ruhige, affektlose Behandlung zu begegnen. Das ist natürlich nicht leicht, wenn die Impulsivität vom Erzieher auf das Kind vererbt worden ist. Hier handelt es sich zunächst um eine Selbstnacherziehung des Erziehers selbst. Er wende die früher angeführten kleinen erzieherischen „Kunstgriffe" auf sich selbst an. Freilich hat die Natur auch hier ein anders geartetes Selbstheilungsverfahren gewährt, wenn der Impulsive einem Gleichartigen – im Zorn, in der Wut – gegenübersteht, beruhigt ihn häufig sehr schnell das unangenehme Spiegelbild der eigenen Leidenschaftlichkeit. Das gilt für Erzieher wie für die Zöglinge. Wieder vor allem ist danach die Erziehung der Aufmerksamkeit wichtig. Sie kann den Affekt gewissermaßen spalten. Ein Denkschatz von Begriffen ist der beste Schutz gegen den Wirbelwind der Affekte. Das rein Motorische wird durch das Intellektuelle, durch die Vorstellungsmasse verzögert.

Das Kind unterliegt mit seinem flüssigen Nervensystem auch so leicht dem Nachahmungstrieb. Beruht doch die Entwicklung des Kindes lange Jahre hauptsächlich in einem Nachsagen und Nachahmen. Der Nachahmungstrieb hat eine oft übersehene physiologische Grundlage. Als meine damals sechs Jahre alte Tochter eben lesen gelernt hatte, buchstabierte sie eines Tages im Eisenbahnabteil die Warnung: „Ausspucken verboten!" Da lief ihr auch schon das Wasser im Munde zusammen. Dabei übt das Verbotene, ja das Verbot selbst auf leicht erregbare Nerven, also wie auf die Naturvölker so auf die Kinder, einen eigentümlichen anstachelnden Reiz. Das bloße Verbot an sich kann schon zur Verübung verleiten. Ein Erziehungsgebot lautet deshalb: Verbiete nicht zuviel und vor allem nichts unnötig! Auch werden die fortgesetzten Gebote und Verbote überhört oder mit Überdruß aufgenommen. Dies hat das Kind mit dem Erwachsenen übrigens gemein.

Auf dem Nachahmungstrieb und des Kindes sensationslüsternem Behagen am Wunderbaren und Grauenerregenden beruht die gefährliche Wirkung der Verbrechen beschreibenden Schundliteratur. Die Eltern haben zu wenig Gefühl für ihre Pflicht, die Lektüre – auch die heimliche – ihrer Kinder zu beaufsichtigen. Auch hier ist das Proletarierkind, das gewissermaßen auf der Straße aufwächst, vor anderen gefährdet. Ebenso sind die Wirkungen der sensationellen, abenteuerlichen und verbrecherischen Darstellungen im Kinematographentheater zu beurteilen.

Alle ungünstigen Instinkte und Triebe erfahren in den sogenannten Flegeljahren, denen gewisse Backfischjahre der Mädchen entsprechen, eine starke Steigerung. Es liegt dies, abgesehen von dem Einfluß aus der Geschlechtssphäre, die später besprochen werden soll, an dem plötzlich hereinschießenden Strom physischer, psychischer und intellektueller Kräfte, denen gegenüber die Gabe des maßvollen Gebrauchs im Jugendlichen versagt. Das Motorische im jugendlichen Nervensystem nimmt hier aus natürlichen Ursachen mit einem Mal überhand und gerät auf Abwege, weil für diese neuen Kräfte kein neues großes Ziel gegeben wird. Die kluge Erziehung gewählt diese neue große Zielsetzung nach Möglichkeit in Arbeit, Wanderungen, Sport, ästhetischen Genüssen, harmlosem Verkehr mit dem anderen Geschlecht, wer sich in diesen kritischen Jahren um seine Kinder nicht kümmert, darf sich nicht wundern, wenn der Gießbach das Gefilde überschwemmt! Neben der Ablenkung der Kräfte ist die maßvolle Zurückstauung zu versuchen. Ruhiger, besonnener, wohlwollender Ernst kann viel ausrichten. Man kläre den Jugendlichen über die Ursache seiner Kräfte und die Unruhe, die sie ihm bringen, auf! Wer tut das?

Es fragt sich, wie allen diesen ungünstigen Erscheinungen im Gefühlsleben des jungen Menschenkindes erzieherisch sonst begegnet werden soll. Auch hier wieder ist davon auszugehen, daß die Anlagen und Neigungen angeboren, also in gewisser Hinsicht unaustilgbar sind. Es bleibt also abermals kein anderer Weg, als die wertvollen Gefühlsregungen im Kind zu entwickeln und zu verstärken und sie gegen die wertlosen ins Geld zu führen. Unsere zwischen Gut und Böse hin und her schwankenden Durchschnittscharaktere erreichen selbst auf der Höhe ihrer Reife kaum mehr. Ihrer viele gehen mit starken ungünstigen Anlagen unbehelligt durch das Leben nur, weil sie mit ihren durch glücklichen Zufall, sorgfältige Erziehung und eigenes moralisches Ringen erworbenen ethischen Gefühlen ein Gegengewicht erhalten und jene sittlichen Hemmungen aufgerichtet haben, die vor der täglich herantretenden Versuchung schützen können. Die Aufrichtung dieser seelischen Hemmungen gegen das Unsittliche ist eine Aufgabe der Erziehung, die wir viel zu wenig planmäßig üben. Diese Hemmungen können nicht mit einem Mal, sie müssen allmählich entwickelt werden. Es sind Gefühlsstrebungen, die erst durch die Übung – wie der Muskel – gekräftigt werden. Ein Muskel, der nicht gebraucht wird, das wissen wir aus der Physiologie, bleibt schwach; es kommt eine Zeit, da seine Kräftigung überhaupt nicht mehr gelingt. Auch die moralischen Hemmungen sind an Nervenleitungsbahnen, die sie zu durchlaufen haben, gebunden. Je öfter im Wege der moralischen Übung diese Nervenbahnen durchlaufen werden, mit desto leichterer Anspruchsfähigkeit werden sie verstärkt. Dabei bleibt beachtlich, daß bei Jugendlichen mit vielen ungünstigen Anlagen die Nervenbahnen der sittlichen Hemmungen aus sich selbst heraus wenig Anlaß finden, zu funktionieren, während bei starker moralischer Anlage dieser übende, also kräftigende Ablauf von selbst gewährleistet wird. Die Erziehung hat also die Nervenleitungsbahnen der sittlichen Hemmungen zum Funktionieren zu bringen. Das sogenannte Moralpredigen bleibt hierbei meist fruchtlos. Die Jugend lehnt den moralisierenden Wortschwall ab. Bloße Worte geben nicht ohne weiteres seelische Kräfte. Dem Worte kommt nur eine unterstützende Bedeutung zu. Wir müssen wirkende moralische Gefühlswerte an die Kinderseele heranbringen und in die Nervenbahnen der sittlichen Hemmungen einströmen lassen. Mit anderen Worten: Wir Eltern und Erzieher müssen – es bleibt uns wahrhaftig nichts Geringeres übrig! – selbst mit unseren eigenen moralischen Gefühlswerten seelenbelebend vor unseren Kindern stehen. Nur Kräfte können Kräfte hervorrufen, wenn die sogen. Moralische Erziehung nichts erreicht, woran liegt es? Weil wir entweder ihre Mittel und Wege nicht kennen oder weil wir sie nicht besitzen, wie soll moralische Beeinflussung erreicht werden, wenn der sittliche Einfluß fehlt? Wie tappen wir in einem Erziehungsdunkel und wundern uns, daß nichts gelingen will. Dabei unsere moralische Sprödigkeit selbst bei vorhandenen sittlichen Fähigkeiten! Wir schämen uns ja fast, mit unseren Kindern in einem ernsten, nicht bloß spielenden Ton über die sittlichen Werte und Kräfte zu sprechen. Freilich müßten ihrer Viele erst selbst erzogen sein, ehe sie zu erziehen vermöchten! Und wie oft können sich Vater und Mutter über die Erziehungsgrundsätze nicht einigen, so daß solche schließlich zum Nachteil des Kindes überhaupt nicht zur Anwendung kommen. Es gibt sehr viele Familien, in denen ein Elternteil bereit und fähig ist, die Kinder methodisch zu erziehen, aber vom anderen Ehegatten, der hierfür nicht reif ist, aus Unverstand, Eifersucht und anderen kleinlichen Motiven abgehalten wird. Ein anderer Weg ist, den natürlichen Selbstbetätigungstrieb des Jugendlichen in nützliche Bewegung zu setzen. Dies geschieht durch das Mittel der Arbeit. Diese ist nicht etwas, das sich der Mensch künstlich zurecht gemacht hat oder hat aufbürden lassen. Die Leistung lustbetonter Arbeit ist die psychophysiologische, organische Lebensbedingung des Menschen, weil sie eben im letzten Ende einzig und allein seinen natürlichen, ruhelosen Bewegungs- und Betätigungsdrang befriedigt. Lustbetont muß die Arbeit sein, wenn sie erzieherisch wirken soll. Freilich ist das Leben nicht immer so gütig, uns zu fragen, welche Arbeit uns mit Lust erfüllt. Es gibt in jedem Beruf und Arbeitszweig Arbeiten, die sogar mit einer gewissen Unlust getan werden. Das muß der Erzieher dem Zögling klarlegen. Solche Unlust wird mit in Kauf genommen, wenn nur die Arbeit im großen und ganzen Lust bringt. Das gilt von der Arbeit in der Schule, die deshalb nach dem Prinzip der Arbeitsschule umzugestalten ist, wie im Haus, so in der Werkstätte und in der Fabrik. Hier treffen sich Erziehung und Sozialpolitik. Die Überanstrengung des Kindes in der Arbeit in Haus, Schule, Werkstatt, Fabrik und Landwirtschaft kann die erzieherisch wirkende Arbeitslust stark schädigen. Sie tut das auch zweifellos in nicht geringem Umfang. Die Übermüdung setzt nach bekannter Erfahrung die moralischen Werturteile des Menschen herab; die Moral geht in gewissem Sinne durch das Wohlbefinden der Organe und auch durch den Magen. Die Arbeit der werktätigen Jugend muß sich deshalb innerhalb physiologischer Grenzen halten und in den Erholungszeiten mit Lust gewürzt werden. Hier harrt eine bedeutende soziale Aufgabe ihrer Lösung. Die moderne Jugendbewegung, die die jungen Menschen in die freie Natur führt, sie zu gemeinsamem fröhlichen Spiel vereinigt, ihnen angemessene Kunstgenüsse bietet, ist hierin auf dem richtigen Weg. Sie knüpft ja auch an die schon erwähnte Erziehung durch die Freude an. Nur muß die von Preußen inaugurierte Übertreibung, die heranwachsende Jugend im militärischen Drill vorzubereiten, zurückgewiesen werden. Es sieht sich an, als wären wir nur dazu im Jugendland, um marschieren zu lernen, um im Freien zu schlafen, um die Augen des Spähers auszubilden usw. Diese „marschierende" Jugend ist durchaus kein Symptom einer reifen Jugenderziehung. Der staatliche Egoismus, der s. Z. die Fröbelschen Kindergärten zunächst – verbot, hat leider die schöne Blüte, die in der Bestimmung der Jugend zu einem Jugendglücke um ihrer selbst willen aufgehen wollte, nicht unangetastet gelassen. Er hat den sehnsüchtigen Ruf des deutschen Volkes nach einem reineren Jugendland mithört und mit seinem eigenen Wunsch nach Befestigung der staatlichen Gewalt in irrtümlicher Weise verknüpft.

Aus der lustbetonten Arbeit, mit der sich die besten schaffenden Kräfte des Jugendlichen verbinden, wächst – psychophysiologisch ein besonderer Gefühlsverlauf – der sittliche Wille hervor, dessen natürliche Gipfelpunkte das Pflichtgefühl und das sittliche Bewußtsein darstellen.

Wir erkennen also immer wieder, daß die Natur sehr wohl selbst die geeigneten sittlichen Entwicklungswege gab, denen aber der Mensch mit seiner Kultur Hemmnisse entgegengesetzt hat. Man klage also nicht die Natur und die Jugendlichen, sondern das soziale Gepräge der Kultur in dieser Beziehung an!

Die Bildung des sittlichen Willens, die sich – ich betone es immer wieder – nur an einer lustbetonten Betätigung vollzieht, weil nur auf diese Weise die Selbstbahnung der natürlichen Entwicklungswege erfolgreich angeregt wird, kann schon in der späteren Kinderzeit mit Erfolg geübt werden. Dem Kind müssen die Gefühle deutlich gemacht werden, die in ihm selbst bei der Arbeit und Pflichterfüllung, die gelegentlich auch unter größerer Anstrengung vor sich gehen dürfen, auftreten. Das Kind hat bei seiner geringen sittlichen Erfahrung für diese wertvollen Gefühle, die ihm an sich schon bemerkbar werden, nicht das richtige Verständnis. Hier muß das Wertgefühl angeregt und großgezogen werden. Dann können sittlicher Wille und sittliches Bewußtsein sich entwickeln und erstarken. Aber gerade hier versagen wir in der Erziehung, weil wir, gewissermaßen von einer törichten Scham befangen, uns scheuen, mit unseren Kindern über dieses Innerliche und Innerste, das die Quelle alles moralischen Lebens ist, zu sprechen. Man höre heute in die Familien hinein und forsche, wo der Erzieher auf solche Weise seine Zöglinge beeinflußt, über die Redewendung vom „lieben Gott, der böse ist" und von der „Sünde, wegen der man nicht in den Himmel kommt" gelangen nur wenige hinaus. Ich wiederhole, es ist eine törichte Scheu, die uns abhält, vom Wertvollsten zu reden. Es ist eine wunderliche moralische Sprödigkeit, eine Bequemlichkeit und Trägheit, sich selber zu einem höheren Standpunkt emporzuschwingen. Es fehlt heute in der Erziehung aller Gesellschaftskreise an dem ethischen Band zwischen Eltern und Kindern. Deshalb sind die Resultate so dürftig. Ich wiederhole, an die wertvollen Gefühle in der jugendlichen Seele, die sich z. B. bei einer unter Anstrengung geleisteten Arbeit von selber einstellen, muß ausdrücklich und vernehmlich appelliert werden. So werden sie bewußt, Bestandteil des sittlichen Bewußtseins, befestigt. Dasselbe hat mit dem Gefühl der durch eigenes Verschulden erwachsenen Minderwertigkeit zu geschehen, wo sollen Gewissensregungen und Reue herkommen, wenn sie nicht entwickelt werden? Eben deshalb ist echte Reue so selten, weil nicht zu ihr erzogen wird.

Bei Fehlschlagen muß das Selbstvertrauen, das ja auch im Erwachsenen die großen Taten vollbringen hilft, gestählt werden. Gerade das Kind, das – „ein aus sich rollendes Rad" – aus sich selbst heraus tätig werden will, bedarf so sehr des Vertrauens auf die eigene Kraft. Kinder, denen fortgesetzt nur das Mißlingen vorgehalten wird, werden selten zum Gelingen fortschreiten.

Das Gesetz von der Erzeugung sittlicher Kräfte folgt dem physikalischen Prinzip, das wir immer mehr auch auf das Psychische anwenden lernen, will ich in mir eine große physische Kraft erzeugen, so kann ich sie nicht mit einem Mal, sondern muß sie durch dauernde, von kleinen Versuchen ausgehende und zu größeren Proben fortschreitende Übung erlangen. Nur allmählich leisten die Muskeln eine besondere Arbeit. Dasselbe gilt von den Leistungen der seelischen Strebungen. Das Gesetz ist zwar so einfach und naheliegend, aber wir haben es nicht angewendet. Wir übersehen auch hier die Erziehungswege der Natur. Die sittliche Kraft, welche die Hemmungen gegen die Versuchungen und das Verbrechen stützt, ist zwar im Menschen mehr oder minder veranlagt vorhanden; aber der sittliche Held wird nicht geboren, er muß sich entwickeln. Dies geschieht durch die sittliche Übung, zu der unser Leben täglich Gelegenheit bietet. Gerade diese Anlässe sollen wir benutzen, seien sie auch unbedeutend oder klein. Denn diese sittlichen Übungen im kleinen steigern die Kraft für die größeren ethischen Aufgaben, die uns im Leben meist überraschen. Mancher unterlag der Versuchung oder verfiel dem Verbrechen nur deshalb, weil er es von Jugend an verabsäumte, seine sittliche Kraft im kleinen zu üben und zu stählen, hätte er es getan, würde er genügenden Widerstand leisten können; für die im kleinen nicht erprobte Kraft war die starke Gegenwirkung nicht überwindlich. Weil er im Kleinen so oft unterlag, wurde seine Kraft geschwächt, viele kleine Niederlagen brechen auch den guten Willen. Die häufigen Willensniederlagen zufolge vergeblicher Bekämpfung der Selbstbefleckung sind gerade aus diesem Grunde ethisch so bedenklich und führen zur Willensschwäche. Ähnliches können schon die vergebliche Selbstbekämpfung der Naschhaftigkeit und Lügenhaftigkeit herbeiführen. Die sittlichen Helden, die im Großen siegreich bestanden, vermochten es nur, weil ihr ganzes Dasein eine sittliche Übung im Kleinen war. Wenn wir doch unseren inneren Blick immer auf dieses wertvolle Kleine richten wollten, anstatt nach dem Großen uns zu recken. wenn wir doch die Natur verständen, wie sie uns mit diesem täglichen Kleinen entgegenkommt. Es ist wahrhaftig nicht schwer, im Kleinen einmal und abermals zu siegen. Man versuche es nur und wird erstaunen, wie dieses einzige, einmalige und wiederholte Gelingen größere, immer wachsende Kraft in uns aufspeichert. Unbegreifliche Wunder geschehen und geschahen nie und nirgends, auch auf dem Gebiet der moralischen Kräfteverhältnisse regieren Physik und Mechanik. Dem heranwachsenden Kind kann dieses Gesetz ohne moralische Phrasen klargemacht werden, wir Erzieher sollen es tun und mit unseren Kindern diese ethischen Übungen im Kleinen vornehmen. Die Erfolge können solche sein, daß in glücklichen Fällen sogar eingeborene, also an sich unabänderliche stark ungünstige Gefühlsstrebungen durch die seelische Gegenwirkung, die wie die physische Kraft rein formaler Natur ist, überwunden werden, als sei – es scheint nur so – die ungünstige Anlage völlig ausgetilgt, als habe der Charakter sich verändert. Tatsächlich kann auf solche weise eine Verschiebung der Charaktereigenschaften, der wertvollen Strebungen zuungunsten der minderwertigen vor sich gehen, so daß den einzelnen ungünstigen Anlagen entgegenlaufende wertvolle Handlungen dem Individuum zur sittlichen Gewöhnung werden, die ihm zum starken Schutze gegen Anfechtungen gereicht und nächst der angeborenen Sittlichkeit das Höchste ist, was der Mensch auf Erden erreichen kann.

Die Erziehung des Kindes zum Pflichtgefühl kann schon in kleinen Dingen, in Versorgung eines Blumenbeetes, in Leistung seiner häuslichen Schularbeiten, in Unterstützung der Mutter bei häuslichen Verrichtungen, versucht werden. Es ist zwar schon manches gewonnen, wenn ein Kind diese Arbeiten sorgfältig erledigt. Der hauptsächlichste, der wahrhaft sittliche Gewinn steht noch aus. In dem Kind muß das Gefühl angeregt, lebendig gemacht, gepflegt, großgezogen werden, daß die sorgfältige Erledigung dieser Arbeiten die Erfüllung einer der Allgemeinheit in irgendwelcher, wenn auch noch so mittelbaren Weise zugute kommenden Pflicht darstellt und daß aus solcher Erfüllung unzähliger Pflichten das Zusammenleben der Menschen besteht. Auch das Kind hat schon bei sorgsamer Erledigung seiner kleinen Aufgaben in seinem Innersten ein freilich nicht zu kräftiges Wohlgefühl, das es aber noch nicht als die sittliche Stimme versteht. Dieses Wohlgefühl muß ihm nach seiner Auffassungsgabe gedeutet werden, damit es von ihm beachtet, geschätzt, geliebt wird. Auch hier binden eine ganz falsche Scham und Ungeschick dem Erzieher die Zunge. Jenes Wohlgefühl ist zunächst, also gewissermaßen physiologisch, die Rückwirkung des im Kind mit Gelingen abgelaufenen Betätigungsdranges, der uns alle in niemals ruhende Bewegung setzt. Dieses Wohlgefühl ist also durchaus nichts Gemachtes, Erkünsteltes, bloß Erdachtes. Es ist tatsächlich in Erfüllung einer Nervenleistung rein organisch vorhanden und teilt sich vom Nervensystem aus dem intellektuellen und ethischen Gefühlsleben mit. Und erst weil es als diese so günstige Rückwirkung einer der Allgemeinheit nützlichen Betätigung erkannt wurde, hat das Sittengesetz sich seiner in gewissem Sinne idealisierend angenommen und es zur Magnetnadel der sittlichen Handlung an sich gemacht. Auf demselben Wege, wie es vom Organischen ins rein Psychische biogenetisch erhoben worden ist, muß jenes Wohlgefühl im Kind auch erzieherisch behandelt werden. Und weil die allgemein feststehende Notwendigkeit der Pflichterfüllung von der Natur selbst mit solchem Wohlgefühl im pflichtgemäß handelnden Individuum begleitet wird, so ergibt sich als letztes, daß die Pflichterfüllung für uns nichts Notwendiges sein soll, nicht zu sein braucht, daß wir vielmehr jenes Wohlgefühl ins beinahe Ungemessene zu steigern vermögen, wenn wir die Pflicht aus freien Stücken, auch wenn sie uns schwer fällt, erfüllen. Auch dieser innere Vorgang kann dem Kind schon in seinen kleinen Dingen nahegeführt werden. Dann steht es, zunächst unbewußt, schon im Bereich der sittlichen Freiheit, die das Notwendige deshalb überwindet, also aufhebt, weil sie es freiwillig, aus eigenem – moralischem – Antrieb will.

Mit dem Pflichtgefühl trifft das Verantwortlichkeitsgefühl zusammen, dessen gesunde, nicht mit Kleinlichkeit und Nörgelei verknüpfte Pflege und Entwicklung des Kindes immer wiederholte Entschuldigung: „Ich kann doch nichts dafür! ich habe es nicht gewollt!" nahelegt. Im Einzelfall in der Kinder- oder Schulstube ist dem Kind nachzuweisen, wie die letzte Ursache der schädlichen Handlung in seiner Person liegt. Das kann oft, z. B. bei selbst nur fahrlässigem Beschädigen eines Gegenstandes, recht drastisch gezeigt werden. Das Kind hat für solche Kausalität schon ein gutes Verständnis; auf die Personen seiner Umgebung, deren Handlungen ihm mißfallen, wendet es selbst sie fortgesetzt an. Das heranwachsende Kind hat auch schon das deutliche Gefühl dieser Verantwortung, das nun ebenfalls erzieherisch in ihm bloßgelegt und lebendig gemacht werden muß. Damit wird das Verantwortlichkeitsgefühl zum Schuldgefühl.

Verantwortlichkeits- und Schuldgefühl sind ebenfalls keine ethischen Phantasien der Menschheitserzieher. Auch sie haben sich in uns biogenetisch aus einem physiologischen, organischen Empfinden der mißlungenen Selbstbetätigung zu einem seelischen Ereignis erhoben, das aus denselben Gründen, wie das ihm entgegengesetzte Wohlgefühl der guten, der erfolgreich abgelaufenen Tätigkeit, zum Merkmal der mißlungenen, der schlechten Tat erhoben worden ist. Mit bloßem Moralisieren und heftigen Worten kann das Schuldgefühl im Kind freilich nicht lebendig gemacht werden; dabei ergibt sich eher im Gegenteil, daß das Kind der Moralpredigt aus natürlichen Gründen sich widersetzt. Das Schuldgefühl darf aber kein vernichtendes, kein zu düsteres, mit unklaren Phantasien von jenseitigen Qualen verknüpftes sein. Das Schuldgefühl muß ein menschlich erträgliches sein! Auch hier gilt das Gesetz der Erziehung durch ethische Übung an der Hand des Einzelfalls, der dem Kind selbst widerfahren ist. Hierbei muß in maßvoller Weise die innere Glocke der Verschuldung angeschlagen werden, bis sie in späteren, nicht vermiedenen Fällen dem Kind vernehmlich von selbst läutet. Das Ereignis des Schuldgefühls kann dem Kind erfolgreich an dem gewählten Beispiel der Glocke, deren Bild ihm geläufig ist, verdeutlicht werden. Man versuche es nur! Dem erwachsenen Jugendlichen prägt sich das Glockenbild anhand von Schillers Glockenlied und Hauptmanns Glockendrama unauslöschlich ein! Dabei klingen ganz andere, tiefere Töne an, als wenn man dem Kind alle seine Unarten als „Sünde" vorhält, wobei es sich jedenfalls nichts wirklich zu seinem Herzen Sprechendes vorstellen kann. Ich wiederhole auch hier immer wieder: Unsere ethischen Resultate sind deshalb fast nur zufällige, keine erzogenen, weil wir so wenig Begriff vom wahren Wesen der Erziehung haben.

Vom Schuldgefühl muß schon das Kind zum Verständnis der Sühne gelangen. Auch hier treffen wir auf die natürliche Bahnung ohne Künstelei und ethische Phantasterei. Das Schuldgefühl hat die natürliche Tendenz zum Verharren, wenn es nicht gewaltsam – durch Leichtsinn oder Frivolität – oder auf anderem Weg aufgehoben wird. Diese angemessene Beseitigung erfolgt durch Erleiden eines Übels. Auch hier zunächst ein fast nur physiologischer Vorgang, der im Fortschreiten der Menschheit eben beseelt wurde. Das Schuldgefühl äußert sich organisch in einer mit Unlust verknüpften Gefühlsspannung, die im Herzen, dieser organischen Zentrale des Blutumlaufs und deshalb der Gefühlsstrebungen, sich bemerkbar macht. Diese Spannung muß abgelöst werden; dies geschieht durch ein der schuldhaften Handlung entgegengesetztes Handeln oder Erleiden, die sich als reines Nervenereignis zunächst organisch als Reaktion gegen die Spannung wendet, die tatsächlich nachläßt. Je nachdrücklicher der Täter das sühnende Handeln oder Erleiden eines Übels als vernunftgemäßen, vor allem angemessenen, nicht zu harten Ausgleich seiner Schuld fühlt, desto vollständiger ist die deshalb ins Bereich der sittlichen Gesetze erhobene Lösung der unlustigen Gefühlsspannung, desto durchdringender die Befreiung von der Schuld, vom Kind ist keine unverhältnismäßige Sühne zu heischen, die, ebenso wie bei den meisten Erwachsenen, Erbitterung, Verzweiflung, Widerstand hervorruft. Des Märtyrertums, das auch die zu harte Sühne als schuldbefreiendes Ereignis mit Lust betont, sind nur wenige Menschen fähig. Für gerechte Strafen hat das Kind ein gutes Verständnis. Auch das Gefühl der Sühne können wir im Kind an seinen eigenen „Fällen" lebendig machen; es ist dieses Gefühls sehr wohl fähig, wie die Beispiele zeigen, daß Kinder sich freiwillig zur Strafe melden. Schon das Kind kann ahnen, daß Strafe und Sühne vor allem um des Übeltäters selbst Willen da sind, der sonst von seinem Schuldgefühl keine wahrhafte Befreiung erfährt. Man lasse das Kind diese Befreiung erleben! Daß trotz der äußeren Sühne bei schweren Fehltritten ein innerer Stachel verbleibt, der erst allmählich durch dauerndes pflichtgemäßes Verhalten ausgeglichen werden kann, hat auch seine schon geschilderte organische Grundlage. Zu der äußeren Sühne oder an ihre Stelle hat die innere zu treten, die freiwillige Selbstunterwerfung unter das in unserem Innern waltende, richtende Gesetz. Erst diese Freiwilligkeit gibt die rein psychische Kraft, die das rein psychische Moment in der Schuld völlig trifft, Seelisches spricht zu Seelischem. Die echte Reue, die nicht nur die Handlung selbst, sondern auch ihren ganzen Erfolg ungeschehen wünscht und nach Kräften auch ungeschehen macht, ist diese Selbstunterwerfung im höchsten Grade.

Wer begreift, wie alle diese ethischen Begriffe sich in ein Einfaches, Natürliches auflösen lassen, sieht auch die Gesetze der ethischen Erziehung, wie die sittliche Entwicklung des ganzen Menschengeschlechtes den Weg von außen nach innen betrat, so sollen wir es bei der Erziehung des jungen Menschenkindes nachmachen!

Sind die ungünstigen Anlagen im Jugendlichen so stark, daß die Bildung der sittlichen Hemmungen, geschweige eines positiven sittlichen Willens nicht gelingen will, so können die Ursachen verschiedene sein. Zunächst ist an abnorme, psychopathische Veranlagung zu denken. Die Hilfsschulen für Schwachsinnige, die an solchen antisozialen Instinkten und Trieben leiden, haben die Aufgabe, deren Bekämpfung durchzuführen. Daß eine solche Bekämpfung nach methodischem Verfahren sehr wohl

Erfolg haben kann, davon überzeuge man sich selbst durch den Besuch solcher Schulen oder Anstalten, in denen unter Leitung von Ärzten und Erziehern geradezu Wunder geleistet werden, kommt keine dauernde moralisch hemmende Veranlagung in Frage, so können vorübergehende sittliche Entwicklungshemmungen vorliegen. Das Ziel der Reife wird stufenweise und in verschiedenem Zeitmaß erreicht; der Grad der sittlichen Reife kann nicht bei allen Individuen derselbe sein. Differenzierung ist sogar ein Entwicklungsgesetz der Natur. Es ist deshalb erzieherisch verfehlt, über solche moralisch sich schwer und langsam entwickelnde Kinder den Stab zu brechen. Ihre heftige Behandlung führt genau wie bei der gehemmten intellektuellen Entwicklung zu weiteren Mißerfolgen. Ernst und Strenge brauchen nicht zu fehlen. Es kommt alles darauf an, die Entwicklungshemmungen, die stets zugleich auch organischer Natur sind, zu überwinden. Dies geschieht niemals durch Härte und Zwang. Eher bedürften solche Jugendliche des Trostes in ihrer Lage, deren Unannehmlichkeiten sie wohl fühlen! Manchmal wird erst in den Mannesjahren die Hemmung ausgeglichen, häufig wird für das ganze Leben ein moralischer Fehlbetrag offen bleiben, ohne daß der Mensch für Gesellschaft und Leben verloren zu sein braucht.

Die moralische Entwicklungshemmung geht meist, aber nicht immer mit der intellektuellen parallel, bei der die willkürliche Aufmerksamkeit sich ungenügend bildet. Gerade die Gleichzeitigkeit der Hemmungen macht die organische Grundlage – meist physiologische Schwäche – offenbar. Gelingt die Bildung der intellektuellen Aufmerksamkeit doch noch schließlich, so zieht sie fast immer die Verbesserung der moralischen Hemmungen nach sich. Das Unmoralische kann also von zwei Wegen aus bekämpft werden. Das darf uns trösten.

Häufig besteht auch die Minderwertigkeit der willkürlichen intellektuellen Aufmerksamkeit ohne gleichzeitige Schwäche der moralischen Hemmungen. Dies sind die weniger bedenklichen Fälle. Rann die Kräftigung der Aufmerksamkeit auch durch methodische Bildung nicht erreicht werden, so handelt es sich um angeborene oder erworbene Verstandesschwäche. Die Behafteten können in ihrem Wirkungskreis wohl brauchbare Mitglieder der Gesellschaft werden; hierbei müssen und dürfen sich Eltern und Erzieher bescheiden.

Die religiöse Unterweisung in der Religions- und Konfirmandenstunde sowie beim Kirchenbesuch beeinflußt nach vielfachen Erfahrungen des Kindes moralisches Gefühl nur schwach. In ganzen Klassen von Schülern und Schülerinnen, denen die Frage, weshalb man nicht stehlen dürfe, vorgelegt wurde, geschah mit keinem Wort des siebenten Gebotes oder sonst des göttlichen Willens Erwähnung. Unser herkömmlicher Religionsunterricht, dem Verständnis des Kindes in keiner Weise angepaßt, führt den Schülern nur Memorierstoff, aber nicht religiöse Gefühlswerte zu; auf die letzteren allein kann es ankommen. Man vergesse nicht, daß man wahrhaft religiöse, also tiefergehende Gefühle beim Kind überhaupt noch nicht voraussetzen kann. Die „biblische Geschichte" führt das Kind in eine ganz neue, zu fremdartige Kultur ein, deren schwierige, verständnisvolle, schon rein äußerliche Erfassung ihm die darin oft nur symbolisch angedeuteten Gefühlswerte verdeckt. Auch beim Lernen der schönsten Katechismussprüche bleibt die in ihnen liegende Gefühlstiefe unbegriffen. Die Gesangbuchlieder mit ihrer veralteten Sprache bereiten schon der Gedächtnisarbeit Schwierigkeiten, später, auch im Konfirmandenunterricht, nimmt das Dogmatische einen breiten Raum ein und verhindert die Aussicht auf den Kern der Religion, auf das religiöse Gefühl und Bewußtsein. In der Kirche stört die Neuartigkeit der Umgebung, und die mangelhafte Aufmerksamkeit verhindert die Aufnahme der Predigt. In einem Weihnachtskindergottesdienst, wo vor dem Altar ein Bild mit der Geburt Christi aufgestellt war, hörte ich einen Siebenjährigen fragen: „Mutter, ist das ein Kaspertheater?" So wird gerade für die Erschließung des eigenartigen Religiösen, das ein seelisch Höchstes und Zartes ist, nichts getan, und die Zweifel, die das Dogma dem reifenden Verstand bringt, reißen fast mehr ein, als aufgebaut worden ist. Fortbildung, Umbildung der Religion und Neugestaltung des Religionsunterrichts sind dringende, das Verbrechen verhütende Forderungen der Gegenwart, von zahlreichen Autoritäten befürwortet und nur vom Staat aus Unkenntnis und falscher Furcht nicht anerkannt. Der Staat will dem Volk die Religion erhalten und nimmt sie ihm gerade erst recht. Dies ist das Ereignis der tiefsten Tragik in der Gegenwart! Es kommt, ich wiederhole es, im Religionsunterricht darauf an, dem Kind auf die ihm geläufige Weise religiöse Gefühlswerte zuzuführen. Das allgemeine Erziehungsgesetz gilt auch hier. Worte tun es nicht, die bloße religiöse Belehrung gibt keine Seelenkräfte; das Kind lehnt die Moralpredigt, zumal wenn sie in zu sentimentalem, frömmelndem Gewand auftritt, ab. Vermag der übliche Religionsunterricht wenig, so versagt auch die häusliche Erziehung. Die Eltern vermeiden es, mit ihren Kindern außer in den Redensarten vom lieben Gott, vom Herrn Jesus und von der Sünde über religiöse Dinge zu sprechen. Eine Scheu, aber keine heilige, schließt ihren Mund. So werden auch in den Eltern die nach deren Art wirkenden religiösen Kräfte nicht entwickelt, wenn nicht unterdrückt, ein religiöser Zusammenhang kommt im Schoß der Familie, die von den Orthodoxen dann als nicht fromm oder gar religionslos bezeichnet wird, nicht mehr zustande. Die wirklichen religiösen Kräfte, die gerade in unseren Tagen so innig und tief nach Betätigung ringen, bleiben unterbunden. Das bloß erinnerte, aber nicht gefühlte religiöse Sittengesetz wird dem Kind sehr wohl in einzelnen Fällen einen beinahe mechanischen Halt zu geben vermögen; aber die mit den Kindern vorgenommenen religiösen Experimente haben ergeben, daß der Religionsstoff außerhalb der Schulstube keine große Wirkung ausübt. Der von mancher Seite statt des Religionsunterrichts vorgeschlagene Moralunterricht, der die Bildung einer charakterfesten, moralischen Gesinnung im Auge hat, kann den Religionsunterricht wohl unterstützen, aber nicht voll ersetzen. Selbst wenn er im Prinzip der Arbeitsschule dem Kind das ethische Selbsterleben und die Mitarbeit an dem eigenen Charakter durch schriftliche und mündliche moralische Übungen und dergl. bietet, so gibt er ihm doch keine Verknüpfung mit dem Ewigen und Unerforschlichen, zu dem uns die Religion, hierin liegt ja ihr besonderes Wesen, vor allem in ein wertvolles Verhältnis rücken soll.

Immerhin sollten die erwähnten ethischen Übungen, bei deren schriftlicher Ausarbeitung die Kinder in wertvolle sittliche Mittätigkeit versetzt werden, zum mindesten im deutschen Aufsatz einen Platz finden, dessen bisherige Themenreihe zum großen Teil erschöpft und in Langeweile oder Spitzfindigkeit auszulaufen scheint.

V. Die sexuelle Erziehung.

An der moralischen Entwicklung hat die sexuelle Erziehung ihren Anteil. Mit Recht wird eine besondere Sexualpädagogik für Schule und Haus gefordert. Es ist ohne weiteres klar, daß eine zu starke Sexualität mit ihren vielen Anfechtungen die Bildung des sittlichen Willens und des moralischen Bewußtseins stören, ja vereiteln kann. Andererseits wissen wir, daß eine kräftige Geschlechtlichkeit zumeist die Begleiterscheinung großer Begabung und besonderer Tatkraft ist, freilich nicht nur im guten, sondern auch im unmoralischen Sinne. Nicht nur der Held, auch der Verbrecher wird zumeist von einer übermächtigen Geschlechtlichkeit angepeitscht, die sexuell Indifferenten bilden fast immer die Mittelmäßigen, von denen weder im Guten noch im Bösen etwas besonderes zu erwarten oder zu befürchten steht. Bei Idioten findet sich zuweilen eine Asexualität. Die Sexualität, von der Keimdrüse, der Quelle des Lebens, ausströmend, ist eben so sehr Bestandteil der individuellen Lebensenergie, daß sie der Art und dem Maß nach mit dieser zusammenfällt. In dieser zwiespältigen Wirkung der Geschlechtlichkeit liegt auch die Schwierigkeit ihrer erzieherischen Behandlung.

Daß die Sexualität schon im Kind wirkt und nach Entladungen strebt, zeigen die Erektionen und Pollutionen des Knaben, denen ähnliche, etwas weniger entschiedene Vorgänge beim Mädchen entsprechen. Ihre andere, hauptsächliche Äußerung ist die Onanie. Um sie hat sich ein großer Streit der Meinungen erhoben. Als zweifellos darf gelten, daß eine häufige Ausübung der Selbstbefriedigung in der Kindheit augenblickliche Schädigungen hervorruft. Aufmerksamkeit und Gedächtnis, die ja zunächst die ganze Erziehung tragen müssen, leiden, die Willenskraft, den fortwährenden Versuchungen unterliegend, wird schwach, Heimlichkeit und Lüge stellen sich ein, das fortwährende Schuldbewußtsein stört den harmonischen ethischen Aufbau, die Gereiztheit führen Egoismus und Gefühlskälte mit sich, die bei der Onanie zur Lusterhöhung verwerteten Phantasievorstellungen nehmen ihren Inhalt von Brutalitäten und Verbrechen. Der kindliche und jugendliche Verbrecher wird fast immer zugleich Onanist sein. Daß häufige, ja selbst übermäßige Onanie in der Jugend noch das Mannesalter schädigen muß, wird von der Wissenschaft bestritten; es werden zahlreiche Beispiele für das Gegenteil angeführt, die aber vielleicht Ausnahmefälle sein könnten.

Andererseits neige ich mich doch zu der Ansicht, daß mäßige Onanie nicht nur dem Organismus dauernd nicht schadet, sondern gewissermaßen als eine Selbstfunktion desselben anzusehen ist und der unwillkürlichen Pollution entspricht. Wir vergessen, welche zweifellos antisozialen und verbrecherischen Kräfte andererseits durch die Onanie tatsächlich abgeleitet werden. Schon die Kurve der Sittlichkeitsverbrechen allein müßte ohne die geschlechtliche Selbsthilfe außerordentlich ansteigen, wir stehen also vor einem neuen Dilemma.

Die Jugend über die Ungefährlichkeit einer leichten Onanie aufzuklären, hat viele Bedenken. Gerade die Selbstbefriedigung schließt die Möglichkeit ihrer Maßlosigkeit in sich. Gerade für die Onanie gilt auch das entwickelte Gesetz von der Erzeugung sittlicher Kräfte aus kleinen Anfängen und Proben. „Einmal gerettet, ist's für tausend Mal!" heißt es auch hier. Und doch müßte sich von diesem Standpunkt, wenn er als wissenschaftlich zweifellos gelten darf, ein sexualpädagogischer Weg finden lassen.

Vielleicht oder wahrscheinlich sind die haftenden schädigenden Wirkungen der Onanie hauptsächlich psychischer Art. Mit der Onanie hat sich seit Jahrtausenden aus jenen religiösen Motiven, welche die Geschlechtslust zur Sünde schlechthin stempelt, ein Schuldgefühl verknüpft, das durch die Heimlichkeit, durch die vom wirklichen Geschlechtsakt abweichende Eigenart, die kein Genügen gibt, und durch die bekannte übertriebene Furcht vor den Folgen des Mißbrauchs verstärkt und fort und fort genährt wird. Dieses Schuldgefühl vor allem ruft im Individuum die starke Unlust hervor, die sich seinem ganzen Wesen seelisch und körperlich mitteilt und in der Überreizung des Nervensystems Willensschwäche, Egoismus und Gefühlskalte hervorruft. Daß Betätigung der Geschlechtslust nicht im Sinne der asketischen Religion eine Sünde schlechthin, sondern eine natürliche körperliche Funktion ist, diese Aufklärung hat die moderne Wissenschaft so ziemlich durchgesetzt. Dieses fingierte Schuldgefühl hat sie der Menschheit abgenommen, und ich denke, durchaus nicht zu ihrem Schaden. vielleicht ließe sich auch das Schuldgefühl bei der als organische Selbstfunktion aufzufassenden Onanie, mit der es ja eng zusammenhängt, als ein fingiertes erkennen und dann verflüchtigen. Gelänge dies – selbstverständlich nur im Sinne der Ethik –, dann fielen die hauptsächlich schädigenden psychischen Wirkungen der Onanie fort, und wahrscheinlich würde sich dann das gestörte körperliche Unwohlbefinden, das Versagen von Gedächtnis und Aufmerksamkeit auch nur als Ausfluß des fingierten Schuldgefühls erweisen. Dann wären auf moralischem Gebiet – ebenso auf dem der Psychose – manche Schädigungen vermieden. Vielleicht dürfte man sich auch dem Optimismus hingeben, daß der Wegfall des Schuldgefühls, also die Aufhebung des ungeschriebenen Verbots, keineswegs eine Zunahme der Onanie bei der Jugend, eher ein Abnahme hervorriefe, wie ja alles Unverbotene an Reiz zu verlieren pflegt.

Diese hier vorgeschlagenen Wege zu betreten, wird der künftigen Sexualpädagogik vorzubehalten sein. Einstweilen müssen wir noch mit anderen Mitteln arbeiten. Diese sind zunächst die bekannten: keine schwere Abendkost, am besten keine Fleischbeilagen; Entleerung der Blase vor dem Schlafen; kein zu weiches und zu warmes, eher hartes und kühles Lager; keine zu warme und zu feste Bekleidung an den Genitalien, nicht allzu anhaltendes hartes Sitzen usw. Daneben bedarf die heranwachsende Jugend gegen das sexuell anregende Wort und Bild – auch gegen das von ihr als solches ja noch nicht begriffene Kunstwerk – eines gewissen Schutzes, der natürlich nicht übertrieben werden darf, weshalb es nötig und nützlich sein soll, ganze Schaufenster, nicht etwa aus künstlerischen Absichten, sondern aus Rücksichten der gewöhnlichen Reklame und des gemeinen Geldgeschäftes, mit Postkarten von Nacktdarstellungen auszufüllen, sehe ich nicht ein. Weiß man denn nicht, daß die Käufer solcher Karten zahllose Onanisten sind, die sie gerade zu diesem Zweck anschaffen? Was soll das Geschrei der bildenden Künstler, deren sexuelle Anschauungen doch noch nicht für eine unreife Jugend taugen? Prüderie und Muckertum sind natürlich auch nicht am Platz, weil sie dem alten fingierten Schuldgefühl entspringen und durch das Verbot reizen. Ein normales Gefühl – es ist ein Zeichen von Gesundheit und Kraft – muß den maßvollen Erscheinungen der von der Natur gegebenen Sexualität gefeit nach jeder Richtung gegenüberstehen. In den kritischen Jahren der Geschlechtsreife bietet die Vergeistigung der Geschlechtlichkeit das ebenfalls von der Natur selbst gewährte Erziehungsmittel.

Eine angemessene Annäherung der Geschlechter innerhalb der gesellschaftlichen Formen, z. B. während der Tanzstunde, befriedigt die erotischen Regungen dieser Jahre, während die frühere prüde Absperrung der Geschlechter eher das Gegenteil erzielte. Es darf zugestanden werden, daß die heutige Bewegungsfreiheit zwischen den Geschlechtern, die auch z. B. in harmlosem Briefschreiben noch andere Strebungen betätigt, im großen und ganzen zu günstigen Ergebnissen geführt hat. Bei dieser Berührung geht für den jungen Menschen das Anreizende des Weiblichen in wohltuender Weise etwas verloren. Ich bin sogar erstaunt gewesen, zu beobachten, wie harmlos der beiderseitige Verkehr sein kann. Ich stehe nicht an, einzuräumen, daß die jetzige jugendliche Generation der guterzogenen Gesellschaftskreise an Sexualität und Sinnlichkeit zurücksteht. Wahrscheinlich ist die Verzögerung der Sexualität, zumal beim männlichen Geschlecht, ein Erziehungsweg der Natur. Im übrigen muß der begehrliche junge Mann seine Sinne nach dem entwickelten Gesetz von der Erzeugung moralischer Kräfte zügeln und die Geschlechtsehre des Mädchens höher einschätzen lernen. Ein verständiger Vater vermag über diesen Punkt seinem Sohn, z. B. unter Hinweis auf dessen Schwestern, mit wenigen Worten viel zu sagen. Das in dieser Zeit auftretende Bedürfnis nach ästhetischem Genießen mit dem gleichzeitigen Verständnis für ästhetische Werte saugt die sexuellen Energien zum Teil auf. Wanderungen in der Natur haben den jungen Menschen die Schönheit der Landschaft und der Bauwerke und Kunstwerke zu zeigen; Sangesfreude und angemessene musikalische Genüsse und dramatische Darstellungen füllen das Gefühlsleben mächtig aus. Wenn die Sexualität der unteren Volksschichten in diese mächtigen Abflüsse sich noch viel zu wenig ergießt, so liegt dies daran, daß die öffentliche Erziehung diese Kanäle so gut wie noch nicht geschaffen hat. Man darf sich also nicht wundern, daß sich Genußsucht in Alkohol und Sinnenkitzel breit gemacht hat, die beide die sittliche Willenskraft beeinträchtigen. Die Jugend besser als bisher vor gewissen Verlockungen (Animier-Kneipen! Mädchenhandel!) zu bewahren, wäre eine wirkliche Kulturaufgabe der Polizei, die sich oft an falscher Stelle in Erziehungsfragen der Nation einmischt! Ein großes einheitliches Jugenderziehungswerk für die ganze Nation muß in diesem Sinne geschaffen werden. Daß die heutige

Jugendbewegung mit ihren Wanderungen, soweit sie das Ziel nicht überschießt, einen wichtigen Anfang solcher großzügigen Jugenderziehung bedeutet, wurde bereits anerkannt. Selbstverständlich muß zu den erwähnten Anregungen der Gefühls- und Gedankenwelt die körperliche Ausbildung hinzutreten. Körper und Geist müssen wieder zusammen erzogen werden; darin bestand das Geheimnis der hellenischen Jugendkultur in ihrer Blütezeit. Die körperliche Übung hat schon im Kleinen in der Turnstunde des Unterrichtsplans zu beginnen Auch hier liegen wir noch in Irrtümern. Die vollständige Turnstunde bietet zu wenig Vorteile, weil sie die Eifrigen immerhin ermüdet und so die nachfolgende Unterrichtsstunde beeinträchtigt, andererseits die Trägen aus der Lässigkeit wegen ungenügender Beaufsichtigung häufig nicht herauslockt. Besser ist es, die Vollstunde zu halbieren, am zweckmäßigsten erscheint eine tägliche, im Unterrichtsplan angemessen eingeschobene Turnstunde von zwanzig Minuten. Dispensationen sollten nur auf Begutachtung des Schularztes gewährt werden. Gerade die schwächlichen Kinder, die um Befreiungsgründe nicht verlegen sind, haben das Turnen besonders nötig. Gerade an ihnen bestätigt sich die alte Wahrheit: schwache Muskeln bedeuten in der Jugend auch einen schwachen Willen.

VI. Grundzüge einer nationalen öffentlichen Jugenderziehung.

Wenn wir nach der Methode suchen, mittels deren wir die intellektuell und moralisch für die ganze Erziehung des Menschen so ausschlaggebende willkürliche Aufmerksamkeit des Jugendlichen entwickeln sollen, so dürfen wir vielleicht bei der Vergangenheit eine Anleihe machen. In der Geschichte der Kulturvölker ist es eigentlich nur ein einziges Mal gelungen, einem Ideal der Jugenderziehung nahezukommen, im hellenischen Staat während seiner aufsteigenden Blütezeit, wobei ich mich übrigens von jeder Überschätzung der Antike fern weiß und selbstverständlich auch die Unterschiede der Völker und Sitten berücksichtige. Die Elemente der damals aus historischen Gründen sehr konzentrierten Jugenderziehung waren die Großartigkeit und Nationalität des griechischen Götter- und Heldenmythos, die nationale Öffentlichkeit der Jugenderziehung, die Harmonie der Erziehung von

Körper und Geist, das historische und gegenwärtige Vorbild großer Männer und die Dichterwerke Homers und der Tragiker. Alle diese Tatsachen zusammen haben die griechische Jugend in einen so harmonischen, abgeschlossenen Kreis gebannt, daß die Bildung der Aufmerksamkeit in intellektueller und moralischer Richtung vortrefflich gelang.

Ein großartiger und nationaler Götter- und Heldenmythos ist unserer Jugend versagt. Die klassischen Mythen sind verblaßt; von der Religion, deren innigste Wirkungen ausgeschaltet werden und in jugendlichen Gemütern auch noch keinen Boden finden können, wurde schon gesprochen. Ein neuer nationaler Mythos ist zwar vorhanden, aber trotz seiner Großartigkeit fehlt seine lebendige Gegenwart, weder Hebbels „Nibelungen" noch Wagners „Ring des Nibelungen" haben den germanischen Mythos neuerschaffen können; das alte Nibelungenlied selbst und die Eddalieder werden nicht mehr gelesen. Ganz allgemein muß in der aufgeklärten Zeit die Wirkung des Mythos versagen; an seine Stelle ist die Geschichte getreten. Die deutsche Geschichte bietet infolge der Zwietracht der deutschen Stamm und einer falschen Politik der Herrscher zwar viele unendlich trübe Bilder. Gleichwohl zeigt aber das germanische Volk bei seinem ersten Eintritt in die Geschichte, in der ersten Kaiserzeit, in den Freiheitskriegen und in der neueren Wiederherstellung des Reiches große Momente, die den Glauben an seine unverbrüchliche Kraft befestigen können. Auch der dreißigjährige Krieg kann trotz alles Elendes, das er im Gefolge führte, als ein auf deutschem Boden ausgefochtener Kampf der Geister, die Ära Friedrichs des Großen, trotz der Schwächen dieses Autokraten, als Anfang des für ganz Europa vorbildlichen modernen, sozialen Staatengebildes gefeiert werden. Aber wo findet sich auf unseren Schulen ein Geschichtsunterricht in solchem Geist, der, die großen Momente als Glieder einer nationalen Kette energisch und plastisch zusammenfassend, den Schülern das Deutschtum ohne Phrase und Hurrapatriotismus lieb, wert und teuer macht? Von den Mängeln unseres Geschichtsunterrichts wurde schon gesprochen. Es kann also vorläufig nur festgestellt werden, daß auch die deutsche Geschichte einen belebenden Einfluß auf die Erziehung unserer Jugend nicht hat. Es fragt sich weiter, ob wir eine dem Altertum entsprechende nationale Öffentlichkeit der Jugenderziehung besitzen. Auch diese Frage kann heute noch nicht bejaht werden, wir stehen in ersten Anfängen zu solchen Zuständen; wir wissen noch nicht, ob sie zum Ziel führen werden. Die endlich erkannte Notwendigkeit des staatsbürgerlichen Unterrichts hat mit einem Schlaglicht gezeigt, wie abseits vom Staat unsere Jugend erzogen worden ist. Die Schuld liegt an den Regierungen, die eine solche Erziehung, auf die bereits Männer wie Herbart, Spencer und Dörpfeld dringend hinwiesen, nicht wollten. Man wünschte das Volk nicht staatsbürgerlich zu erziehen, weil von einer „politischen" Aufklärung üble Dinge befürchtet wurden, in rein politischer wie in sozialer Hinsicht. Der Staat darf sich also nicht wundern und beklagen, daß ihn seine Jugend nicht kennen und deshalb auch nicht lieben gelernt hat. Die Regierungen waren hierbei sicher schlecht beraten, da ihr Staat sein Wesen mit so vielen vortrefflichen Momenten der Jugend sehr wohl enthüllen und gerade damit auch das Verständnis für noch unvermeidliche Unzulänglichkeiten eröffnen sollte, wie gesagt, alles das wollte der Staat nicht, weil er sich nicht vom Volk und am allerwenigsten von der Jugend hineinreden lassen wollte. So entstand das politisch indifferente Studententum von gestern. Es konnte nicht fehlen, daß dieses Verhalten des Staates einiges Mißtrauen erregte, das er auch sonst durch verschuldete und unverschuldete Umstände vermehrte. So fehlt unserer Jugend mit dem Verständnis zugleich das Wohlwollen für den Staat, das der hellenischen Jugend so tief im Blute lag, weil der griechische Staat aus sich und seinen Einrichtungen keinen Hehl machte, weil er sich selbst willig, freundlich und wohlwollend der Jugend gab. Der hellenische Staat hatte in seinem glücklichen Verhältnisse zwischen Freiheit und Notwendigkeit selbst etwas wahrhaft Erzieherisches, das dem modernen Staat mit seinem Zuviel an Notwendigkeit und Zuwenig an Freiheit abgeht, wohin die neuere, vom Staate geleitete Jugendbewegung und Jugenderziehung führen werden, läßt sich noch nicht absehen. Nur soviel darf mit Sicherheit vorausgesagt werden, daß sie in sich selbst erstarren werden, wenn sie der Staat einseitig zu seinen Zwecken ausbeutet. Es ist zu beklagen, daß die schönen erzieherischen Kräfte, die im preußischen Staatsorganismus wirksam gewesen und an sich noch vorhanden sind, in der Gegenwart gerade deshalb versagen, weil das sogen. Preußentum, um es so zu bezeichnen, allerdings aus einer ihm innewohnenden Veranlagung heraus die echte Harmonie zwischen Freiheit und Zwang nicht gewinnen zu können scheint. Dabei kann es doch alle Tage erfahren, welche Früchte aufgehen. Die Zeiten sind vorüber, da das Volk durch den bloßen Zwang erzogen werden konnte. Die deutschen Völker sind reifer geworden und fordern deshalb auch reifere Erziehungsmethoden. Die außerpreußischen Volksstämme werden jedenfalls nicht für jene veraltete Methode mehr zu haben sein, und Preußen wird sich erzieherisch isolieren, wovon in der Öffentlichkeit schon der Anfang zu verspüren gewesen ist. Dem veralteten System wohnt schon deshalb nicht das Recht mehr inne – wenn es überhaupt ihm je innegewohnt hat –, weil jenes System nicht das Glück und die Freiheit des Volkes, sondern einzig die Sicherheit und Gewalt des Staates befestigen sollte. Aber gerade wir Deutschen brauchen wegen der Zukunft nicht bange zu sein, da wir keinen Zweifel hegen, daß die großen erzieherischen Kräfte des Nordens durch Befruchtung vom freiheitlichen Süden her neu belebt und die Harmonie zwischen Notwendigkeit und Freiheit zum Heil der Nation finden werden.

Der politische Kampf, der heute in wenig erfreulicher Weise um die Jugend geführt wird, hat natürlich mit einer nationalen öffentlichen Jugenderziehung nur wenige Berührungspunkte. Dieses politische Werben um die Jugend ist erzieherisch vollständig verfehlt.

Daß Körper und Geist gemeinsam gebildet werden müssen, haben wir erkannt. Auch hier hat ein völliger Umschlag Platz gegriffen. Die Bestrebungen des Turnvaters Jahn, hinter denen man demokratische Freiheitsgelüste witterte, wurden vom Staat mit Mißtrauen aufgenommen. Noch vor zwanzig Jahren legte in Beamtenkreisen der Vorgesetzte seinen Untergebenen nahe, nicht die Mitgliedschaft von Turnvereinen zu erwerben, heute beehren Könige die großen Turnfeste mit ihrer Gegenwart, wir dürfen feststellen, daß die körperliche Ausbildung der Jugend einen großen Aufschwung genommen hat. Im Zusammenhang damit steht die Bekämpfung des Alkoholmißbrauchs, die erfreuliche Fortschritte macht. Beinahe die Hälfte aller Straftaten, die in Deutschland verübt werden, haben einen Zusammenhang mit dem Alkoholgenuß. Auch für den körperlichen Sport haben wir Verständnis bekommen. Ich entsinne mich noch deutlich, wie verständnislos in den Großstädten der Deutsche den Ballwettspielen usw. der ausländischen, zumal englischen Jugend zuschaute. Es muß aber darauf aufmerksam gemacht werden, daß dieser körperlichen Erziehung der Zusammenklang mit der geistigen noch fehlt. Die geistige Ausbildung der Jugend leidet, zumal unter dem etwas vergnügungsgemäß betriebenen Sport. Die geistigen Leistungen unserer höheren Schüler, darüber dürfen wir uns nicht täuschen, sind zurückgegangen, wobei ganz außer Ansatz bleibt, daß die Anforderungen in den klassischen Sprachen mit Recht herabgesetzt worden sind. Gewiß sind unsere höheren Schüler von heute gesellschaftlich reifer und auch lebenserfahrener als wir vor fünfunddreißig Jahren; auch eine gewisse größere Selbständigkeit darf zugestanden werden. Aber die rein geistigen Interessen, die der Aufmerksamkeit ihren Weg zeigen, waren in uns lebendiger und kräftiger. Erschrocken erkennen wir heute des öfteren, wie die rein geistigen Ideale herabgestimmt worden sind. Aber gerade darin bestand ein Vorzug der hellenischen Jugenderziehung, daß die körperliche Bildung für die geistige Entwicklung die Grundlage bot. Sophokles tanzte als Jüngling den Siegesreigen von Salamis; im Gymnasium wurden während der Erholungspausen philosophische und künstlerische Fragen ausgefochten. Es mag sein, daß wir in einer Art Übergangszeit stehen. Hoffen wir, daß die echte Harmonie zwischen körperlicher und geistiger Bildung unsere Jugend noch beglückt.

Wir Deutschen haben ein gewisses Recht, auf unser Schulwesen mit Befriedigung zu blicken. An solchem Stolz fehlt es ja auch nicht, wenn wir die Schule des Auslands zum Vergleich heranziehen und den günstigen Prozentsatz der Analphabeten in unserer Armee berücksichtigen. Ein bekanntes Schlagwort behauptet sogar, der deutsche Schulmeister habe die Schlacht bei Königgräß geschlagen, was freilich die Strategie bestreitet. Es ist auch tatsächlich nicht wahr. Die Manneszucht unseres Militärs geht auf die Nüchternheit und die Befähigung des Deutschen zum Gehorsam zurück. Der Geiz und die Gründlichkeit, die der deutschen Arbeit endlich den Weltmarkt erschlossen haben, beruhen ebenfalls bei weitem mehr auf Charaktereigenschaften des deutschen Volkes als auf Ergebnissen seiner Volksschule, sobald wir aber von dem Vergleich mit dem Ausland absehen und die Leistungen unserer Volksschule an sich unter engster Berücksichtigung der sittlichen Erziehung des Volkes mit kritischer Aufrichtigkeit betrachten, muß unser Urteil anders ausfallen. Gerade der praktische Jurist, der mit dem eigentlichen Volk alle Tage zu tun hat, ist hier der beste Sachverständige, was nehmen unsere arbeitenden Kreise als festen Besitz aus der Volksschule wirklich mit? Wenig, sehr wenig! Ich versichere auf Grund meiner fünfundzwanzigjährigen Erfahrung: Nur sehr wenige Prozent haben gelernt, sich in ihrer Muttersprache schriftlich richtig auszudrücken oder auch nur orthographisch zu schreiben. Besser sind die Kenntnisse im Lesen, während sie im Rechnen wieder schlechter sind. Die positiven Kenntnisse in Geographie, Geschichte und Religion sind unglaublich gering! Wer mit falschen Anforderungen an das positive Wissen der unteren Volkskreise herantritt, könnte zuweilen glauben, daß in ihnen ein leichter Schwachsinn vorherrsche. Davon kann natürlich gar nicht die Rede sein. Im Gegenteil ist die Lernfähigkeit in der Jugend der unteren Volksklassen eine sehr gute. Hervorragend befähigte Kinder finden sich hier wie in den höheren Volksschichten. Auch an der Fähigkeit der Volksschullehrer liegt das mangelhafte Ergebnis im allgemeinen durchaus nicht, die sich im Schweiße ihres Angesichts redlich in ihrem ihnen oft mit Undank gelohnten Beruf abplagen. Der Fehler liegt im System! Zuviele Kinder werden gleichzeitig, zuviele Kinder von einem und demselben Lehrer nacheinander, überdies in demselben dumpfen Raum unterrichtet. Ein ganzes Material liegt hierüber vor. Dabei die vielen Ausfälle von Unterrichtsstunden bei Erkrankung der Lehrer, zugunsten der Landwirtschaft, aus Mangel an Räumen usw. Am ungünstigsten in Deutschland steht nach dem bekannt gewordenen Material die preußische Volksschule in den kleinen Gemeinden da. Es ist also erklärlich, daß in der Volksschule nur ein gewisses Mindestmaß, das sich hier und da etwas erhebt, gelehrt und gelernt werden kann. Dazu kommt noch, daß – im Gegensatz zu Bauern – Preußen und Sachsen nicht eine einheitliche Volksschule, sondern ihrer zwei, selbstverständlich auch nach den Lehr- und Lernergebnissen getrennte höhere und untere Volksschule haben. So hoch also unser deutsches Volksschulwesen von gewissen Kreisen gepriesen wird: ich widerspreche auf das entschiedenste und wiederhole, die Ergebnisse sind dürftig!

Nun ist ganz bestimmt richtig, daß es auf die Menge und den Umfang der Kenntnisse allein nicht ankommt. Wohl aber ist, auch nach Herbarts zutreffender Ansicht, von entscheidender Bedeutung die Gründlichkeit der erworbenen Kenntnisse. Und diese läßt bei den Entlassenen der unteren Volksschule stark zu wünschen übrig; vom gesamten Lehrstoff, der ihnen zugängig gemacht worden ist, wissen sie kurze Zeit nach ihrer Entlassung überhaupt nichts gründlich, wie ich schon ohne jede Übertreibung ausgeführt habe. Diese Gründlichkeit des Wissens der innerhalb beschränkter Kreise gebotenen Kenntnisse ist aber das wesentliche, weil sie das Erzieherische, das Bildende ist. Nur das gründliche Wissen ist meinem Geist und Gemüt ein dauernder, also wertvoller Besitz; die Gründlichkeit des Wissens hilft den Charakter bilden, während Oberflächlichkeit im Wissen auch den Charakter flach läßt. Die Gründlichkeit gewahrt jene Anschaulichkeit, mit deren Hilfe erst die Bildung von Begriffen beginnt, ohne die die ethischen Werte überhaupt nicht erfaßt und höher entwickelt werden können. Jeder Mensch muß innerhalb seines Lebenskreises einen bestimmten Besitz von gründlichem Wissen haben; wer diesen Besitz nicht hat, entbehrt des einfachsten Mittels zu seiner sittlichen Entwicklung, hier liegt die engste Verknüpfung zwischen intellektueller und moralischer Bildung. wenn nun die Volksschule schon auf intellektuellem Gebiet so wenige gründliche Kenntnisse für das Leben mitgibt, wie anders etwa im Bereich ethischer, sittlicher Bildung! Und so muß es leider gesagt werden, unsere trotz ihrer lobenden Erhebung unzulängliche Volksschule ist zu einem großen Teil die Ursache, daß die sittliche Bildung der großen Volksmassen nicht die Höhe hat, die wir wünschen müssen. Wie kann man sich wundern, daß Menschen, mit solcher Bildung hinausgesandt in den harten Existenzkampf der Gegenwart, dessen Gefahren erliegen, straucheln und dem Verbrechen verfallen? Weiß man noch immer nicht, daß einen starken Anteil an der menschlichen Bosheit, Gemeinheit, Roheit und Oberflächlichkeit vor allem Borniertheit, Beschränktheit und Dummheit haben? Wissen es die Gebildeten nicht aus sich selbst, daß sie ihres eigenen Bösen, das auch in ihrer Brust liegt, in der Hauptsache durch Schulung ihres Intellektes Herr werden? Weshalb lassen wir dieses wertvollen Talismans gegen das Verbrechen nicht auch die Volksklassen teilhaftig werden, die nach ihrer sozialen Lage am meisten kriminell gefährdet werden? Und dann der Widerspruch in den Anforderungen, die der Staat an die von ihm nicht gebildeten Bevölkerungsschichten im Verständnis eines gekünstelten Strafgesetzes stellt! Der Staat hat die Pflicht, dem arbeitenden Volk eine Schule zu geben, welche die heutige Volksschule weiter hinter sich läßt. Es handelt sich um eine kriminalpädagogische, um eine das Verbrechen verhütende Forderung, die sich sozial und nationalökonomisch auch durchaus mit der im Staat ganz natürlichen Verschiedenheit der Arbeit vereinigen läßt!

Den unteren Volksklassen eine gründlichere, eine höhere Schulbildung zu geben, ist auch der wahre Zweck der von der deutschen Lehrerschaft geforderten nationalen Einheitsschule. Gerade die Lehrer fühlen in täglicher Anschauung die unzulänglichen Ergebnisse, die sie trotz außerordentlicher Anstrengung in der unteren Volksschule zeitigen. Es ist ihr menschliches Mitleid mit ihren Volksgenossen, das sie die Einheitsschule erstreben läßt. Deren Sinn kann meiner Ansicht nach nur der sein: den unteren Volksschichten im allgemeinen ein weit größeres Maß von Kenntnissen und Bildung, als jetzt geschieht, zugängig zu machen und im besonderen ein solches Maß, welches auch dem Geringsten wie dem Kind besser gestellter Eltern den durch Übergang von Schule zu Schule gewährleisteten Aufstieg zur höheren intellektuellen Ausbildung auf Grund seiner Fähigkeit und Tüchtigkeit freigibt. Denn der Aufstieg der Intelligenz eines Volkes erfolgt aus den mittleren und unteren Kreisen; in den hohen Gesellschaftsschichten nimmt in Generationen und Familien die natürliche Kraft der Intelligenz gemäß einem natürlichen Entwicklungsgesetze nach einem auf der Höhe verharrenden Stillstand im allgemeinen wieder ab.

Daß der Weg zur Intelligenz und Bildung allen Volksgenossen gleich erschlossen wird, ist eine Forderung der allgemeinen Menschenrechte und der deutschen Volksrechte im besonderen, die ja auch die allgemeine Wehrpflicht unabhängig von Besitz und Bildung aufgestellt haben. Auch die Betätigung wirklichen praktischen Christentums käme in unserem Staatsorganismus damit zur Geltung. Es ist hierüber überhaupt kein Wort weiter zu verlieren.

Nun ist aber kaum zu bezweifeln, daß die bloße Verschmelzung der unteren und der mittleren Volksschule zu einer einheitlichen Schule an sich die erhofften Vorteile nicht bringen wird. Die Kinder der unteren Volksschule erfahren bei ihren häuslichen Schulleistungen von ihren Eltern, die ihrer Arbeit nachgehen müssen, keine Unterstützung, ja es müssen Unterrichtsstunden im Schulplan dazu verwendet werden, die Reinschriften der häuslichen Arbeiten fertigzustellen, wenn nun auch die Kinder, die zu Hause einer fortgesetzten Unterstützung oder Beaufsichtigung ihrer Schularbeiten bedürfen, nicht gerade zu den besten Hoffnungen berechtigen, so wissen wir doch, daß die häusliche Beaufsichtigung in gewissem Umfang nach der ganzen Artung des Kindes notwendig und förderlich ist. Die mittlere Volksschule nimmt solche häusliche Förderung ohne weiteres selber in Anspruch. So erklärt es sich auch, daß z. B. in den Dresdener Bezirksschulen 23 Proz., in den Bürgerschulen dagegen nur 6 Proz. das Lehrziel nicht erreichen. Der Unterschied in der Begabung wird hierbei ganz gewiß nicht zuviel in Betracht kommen, sofern Kinder gebildeterer Eltern zufolge intellektueller Vererbung für die Vorstellungsbildung bessere Voraussetzungen mitbringen können. Das Ergebnis der gemeinschaftlichen Unterrichtung solcher verschiedener Kinder würde also im ganzen sein, daß die Kinder der mittleren Kreise, auch wenn sie den anderen erfolgreich als Ansporn dienen, durch die Kinder der unteren Schichten in ihrer geistigen Entwicklung aufgehalten werden würden, diese Folge erscheint aber recht wenig wünschenswert.

Dieselbe Erscheinung ist auch auf moralischem Gebiet vorauszusehen. Die unbeaufsichtigten, in einer derberen Häuslichkeit und auf der Straße aufwachsenden Kinder würden zweifellos Unarten und Unsittlichkeiten – schon in der Umgangssprache der unteren Volksschichten – in die Kreise der anderen Kinder hineintragen, die diese durch ihre bessere Erziehung allein nicht von sich fernzuhalten, geschweige gar zu Nutzen der anderen Kinder zu überwinden vermöchten. Dabei liegt mir die Meinung ganz fern, als ob etwa die Sittlichkeit ein Sondergut der höheren Volkskreise wäre. Gerade aber im Kindesalter stecken Ungezogenheiten und Unsittlichkeit sehr leicht an.

Man könnte nun vielleicht sagen, daß die besseren Bürgerschichten solche Nachteile auf intellektuellem und moralischem Gebiet auf sich zu nehmen verpflichtet wären zum billigen Ausgleich dessen, daß die unteren Schichten im Interesse der Gesellschaft und des Staates in der Niedrigkeit ihrer Arbeit verharren müssen. Allein annehmbar ist diese Auffassung für die Aufwärtsentwicklung eines Volkes ebenfalls nicht.

Was also vor allen Dingen zu fordern ist, bleibt die Gewährung eines auch wirklich erfolgreichen Schulunterrichtes mit weit höheren Ergebnissen für die Kinder der unteren Volksschichten. Die Volksschule muß ihnen dieselben Lehrziele, dieselbe Stundenzahl im Unterricht bieten wie den anderen Volksschülern. Es müßten Gelegenheiten geschaffen werden, z. B. gemeinschaftliche Arbeitsstunden, welche die Nachteile des Mangels an häuslicher Anleitung und Beaufsichtigung ausgleichen. Es muß eben verhütet werden, daß von den Kindern der unteren Kreise 23 Prozent das sogar niedriger gesteckte Ziel nicht erreichen, während von den Kindern der höheren Klassen nur 6 Prozent das höher gesteckte verfehlen, hierin liegt der Brennpunkt der ganzen Forderung. Dabei möchte übrigens auch das Ziel der mittleren Volksschule ganz allgemein erhöht werden.

Um diese Ergebnisse zu erreichen, wäre es vorläufig kaum notwendig, die Kinder der verschiedenen Stände derart gemeinsam zu unterrichten, daß die Befähigteren oder zu Hause angeleiteten Kinder durch die weniger befähigten oder nicht angeleiteten in der Entwicklung aufgehalten werden. Dieses Hindernis, welches sich jetzt der Einheitsschule entgegenstellt, könnte ganz gut umgangen werden. Es würde doch in absehbarer Zeit der Tag kommen, wo sich bei der gehobenen Bildung der Massen dieses Bedenken fast ganz oder völlig verlöre, vor allen Dingen müßte den unteren Schichten der höhere Schulunterricht für dasselbe niedrige Schulgeld, wie heute gewählt werden, wenn nicht das Schulgeld für die Volksschule ganz wegfallen könnte. Ferner müßte die ordentliche Schulpflicht um mindestens ein Jahr, wenn nicht um zwei Jahre, verlängert und die zu ihrer Durchführung erforderlichen sozialen Maßnahmen, z. B. Einschränkung der Arbeit Jugendlicher, geschaffen werden, wir wissen ja, daß die Vorstellungsnervenbahnen im Gehirn gerade von der Pubertät an eine weitere Befähigung zur Entwicklung erhalten, die natürlich gepflegt sein will. Gerade aber in diesen Jahren empfangen die Kinder der unteren Volksschichten keinen ordentlichen Schulunterricht mehr; die Fortbildungsschule vermag hierfür keinen Ersatz zu leisten. Auch deshalb sind die Ergebnisse der unteren Volksschule ungenügende.

Also die sog. Einheitsschule, in der unter den heutigen Unterrichtsbedingungen Kinder aller Stände zusammensitzen, hilft an sich zu nichts. Gerade die Länder, wo sie durchgeführt ist, so Österreich und Bayern, zeigen durchaus keine höhere Bildung der unteren oder der mittleren Volksschichten. Auch der aufs innigste zu wünschende soziale Ausgleich, den die Einheitsschule bringen soll, ist in diesen Ländern keineswegs vorhanden, wenn die Gegensätze nicht so scharf sind wie bei uns im Norden, so liegt es an der Gemütsart und am Charakter der südlichen Bevölkerung. wenn die Bildungswege später so weit auseinanderführen, tragen die vorausgegangenen 6-9 Jahre gemeinsamen Unterrichts zur sozialen Versöhnung kaum bei, da die Eindrücke der Kindheit; wie wir alle aus ähnlichen Verhältnissen wissen, schnell vergessen werden. Die Schule darf keinem sozialen Experiment dienen. Die soziale Annäherung hat auf den Gebieten des späteren Lebens zu erfolgen; da ist der Kampf auszufechten. Ist der Sieg errungen, hat die Schule selbstverständlich sich anzugliedern.

Wir dürfen auch die Entstehungsgeschichte der höheren und mittleren Volksschule nicht übersehen. Sie baute sich infolge des Bildungsbedürfnisses vorgerückter Volkskreise auf der unteren Volksschule auf. Die neuere Forderung hat dahin zu gehen, daß nunmehr die unteren Volksschichten mit ihrem eigenen Bildungsbedürfnis und im Rahmen ihrer Verhältnisse nachzurücken haben. Diese Forderung ist dem Staat unbedingt abzuringen.

Gerade die Vielfältigkeit, die Differenzierung unseres Schulunterrichtes, welche aufgerückten Volksklassen eine herausgehobene Bildung gewährte, hat die Überlegenheit der deutschen Schule dem Ausland gegenüber mitbegründet. Je vielfältiger die Bildungsmöglichkeiten in einem Volk sind, desto sicherer ist die Hoffnung, daß günstige allgemeine Ergebnisse erzielt werden. Aus demselben Grund gebührt unserem höheren Schulunterricht die Führung, weil er in Realschulen, Oberrealschulen, Realgymnasien, Reformgymnasien und humanistischen Gymnasien so zahlreiche Bildungswege gibt, daß jeder jugendliche Bildungsbeflissene eine seinen Fähigkeiten und Neigungen annähernd entsprechende statt finden kann. Und wenn pädagogische Pfadfinder neue und eigenartige Bildungsmetthoden zeigen, durch welche Jugendliche, zumal mit hervorragenden oder eigenartigen Befähigungen, ein höheres Lehrziel oder dasselbe Ziel auf eine ihnen gemäßere Weise erreichen, so sind diese neuen Bildungsstätten nur mit Freuden zu begrüßen.

Das historische und gegenwärtige Vorbild bedeutender Männer fehlt an sich uns Deutschen durchaus nicht. Ich brauche die zahlreichen bekannten Namen nicht erst zu nennen. Aber erstens war die Wirkung des Vorbildes im griechischen Altertum aus psychologischen Gründen eine ganz andere, als heute. Da die psychologisch noch nicht entdeckte Individualität mit ihren zahlreichen und charakteristischen Winkelzügen noch nicht zur Geltung kam, war die Anschauung der Gesamtpersönlichkeit eine vollere, stärkere, wirkungsvollere als heute. Auch im übrigen war der heroische Nachahmungstrieb früherer Zeiten ein kräftigerer. Diese Vorzüge sind uns im Laufe der Jahrtausende und Jahrhunderte verloren gegangen. Diese verlorenen Wirkungen müssen wir auszugleichen versuchen, in erster Linie meiner Ansicht nach durch die Art und Kraft der Darstellung. Am geeignetsten sind die Lebensgeschichten bedeutender Kämpfer des Volkes und der Menschheit. Männer wie Luther, Friedrich der Große, Friedrich Schiller, Bismarck, Richard Wagner, Zeppelin u. a. müssen in ihrem Leben, Schaffen und Wirken in einer Weise zur Darstellung kommen, daß vor allem ihr Kämpfen um ihre Ideen in kurzen, großen Zügen herausgehoben wird. Die Schilderung eines Kampfes trägt psychologisch in sich etwas Anstachelndes, Anreizendes, Hinreißendes, Begeisterndes. Gerade solche Darlegungen liebt die Jugend, gerade ihnen leiht sie willig ihr Ohr. Solche Themen gehörten in den deutschen und den geschichtlichen Unterricht. Natürlich liegt das Ausschlaggebende beim Vortragenden. Ich könnte mir vorstellen, daß im Mangel geeigneter eigener Lehrkräfte besondere Berufsschilderer solcher Darstellungen in wiederholter Wiederkehr für Schulen und Hochschulen gewonnen würden. Das gäbe einen neuen herrlichen Beruf! Wir lassen uns die besten Mittel der Wirkung entgehen. Unsere Jugendschriften erfüllen bei weitem nicht, was sie leisten könnten. Wenn erst die richtige Würdigung solcher Darstellungen vorhanden wäre, würden sich unsere bedeutendsten Dichter und Schriftsteller der Aufgabe gern unterziehen, der Jugend solche Bücher zu schreiben, was wir jetzt besitzen, entbehrt des hinreißenden dramatischen Flusses in der Schilderung, dem die große Aufgabe der Wirkung zufällt. In dem bekannten Robinson Crusoe ist ja das Psychologische solcher Darstellung glänzend vorgeführt, wenn wir lesen, wie der Schiffbrüchige auf dem einsamen Eiland die Kultur der Menschheit gewissermaßen von vorn anfängt und sie selbst im Kampf gegen die Wilden stufen- und epochenweise immer höher entwickelt. Wo haben wir einen solchen Abriß der Lebensgeschichte Schillers, der, wie selten einer, ein Kämpfer auf dem Schlachtfeld des Geistes gewesen ist? Dabei pulsiert in seiner individuellsten Persönlichkeit, in allem seinem rastlosen, unerschrockenen Schaffen, selbst in seinen hinreißenden Versen dieses dramatische, erzieherische Leben in ganz natürlicher Weise. Was wissen heute unsere Schüler von dem Kämpfer Schiller? Hier winken völlig unbebaute Felder. Die vielbelächelte Rhetorik liegt bei uns darnieder, und mit ihr entbehren wir vortrefflicher Wirkungen der Jugenderziehung. Wie sollen große Beispiele wirken, wenn wir sie nicht wirkungsvoll an die Jugend heranzubringen verstehen? Was wir jetzt auf diesem Gebiet tun, ist entweder matt oder ungeschickt. Mit patriotischen und religiösen Phrasen, mit einseitiger schwulstiger Verherrlichung gekrönter Häupter, wie man sie in Festakten der Schulen zu hören bekommt, begeistert und erzieht man heute keine Jugend! Mehr Mut, mehr eigene Kraft der Erzieher, und die Jugend, die nachahmende, wird begeistert folgen!

Zu den Erziehern der hellenischen Jugend gehörten zweifellos ihre Dichter, voran Homer und die Tragiker, schon rein technisch gaben die Dichter Gelegenheit, die willkürliche Aufmerksamkeit zu bilden. Die Jünglinge konnten ganze große Stellen frei aus dem Gedächtnis vortragen und übten hierbei selber die Rhetorik, die auch gewissermaßen als wichtiges erzieherisches Mittel der Selbstbegeisterung in Frage kommt, das der Gegenwart ebenfalls mangelt. Wir haben keinen großen packenden Stoff, an dem das Gedächtnis der Jugend technisch ausgebildet werden könnte. Wir haben in unserer Schule überhaupt keine methodische Ausbildung des Gedächtnisses, planlos wird memoriert und deshalb ohne Erfolg. Dabei kennen wir den ungeheuren Wert der Gedächtniskunst für die Entwicklung des Intellektes und der Moral! Die Stimmen der Dichter haben in unserer realeren Zeit ganz natürlicherweise an Einfluß auf die Jugend verloren. Aber darüber hinaus scheint mir sogar eine Geringschätzung der praktischen und ideellen Lebenswirkung der Dichter vorhanden zu sein, die durchaus unberechtigt ist. Wie einflußreich auf unsere ganze geistige Entwicklung waren die Dichterheroen Goethe und Schiller! Und doch dabei eine gewisse Sprödigkeit unserer heutigen Jugend, ihre großen Dramen zu zitieren! Als ob der Vers gewissermaßen etwas Weiches, Unmännliches an sich habe! Wir rezitieren auch nicht mehr die Heldenlieder unserer nationalen Sagen! Auch unsere neueren Dichter haben kaum neues Material geboten. So ist unserer Jugend abermals ein Mittel der Erhöhung, der Begeisterung, der Erziehung verloren gegangen, das durch den gelegentlichen Besuch von Klassikervorstellungen im Theater nicht ausgeglichen wird. Hier hat der deutsche Unterricht in der Schule einzusetzen. Ungeübte Schüler die Balladen von Schiller und Goethe heruntersagen zu lassen, kann nur den nicht beabsichtigten Erfolg haben, den Schülern das Verständnis für den herrlichen Wert der Dichtungen zu verschließen, ja ihnen die Lektüre derselben für Jahrzehnte überhaupt zu verleiden. Nur rhetorisch besonders Begabte dürfen in der Klasse zum rezitieren zugelassen, im übrigen sollten regelmäßig berufsmäßige Rezitatoren und gute Schauspieler der lokalen Theater herangezogen werden. „Die Kraniche des Ibykus" gut zu rezitieren, ist eine hohe künstlerische Aufgabe, zu deren Erledigung sich in den größeren Städten immer Schauspieler finden werden. Schon einige wenige solche künstlerischen Darbietungen erschließen, wie ich aus eigener Erfahrung weiß, geradezu blitzartig das Verständnis der Dichtung. Dabei kann auch im Geiste der Arbeitsschule unter Heranziehung des Briefwechsels zwischen Schiller und Goethe vom Jahre 1797 in die Schaffenstätigkeit des Dichters eingeführt werden, wie Goethe Schiller zur Abänderung der „Kraniche" wertvolle Winke gab usw.

Überall also, wohin wir schauen, schmerzliche Verluste früher wertvoller Erziehungsmittel ohne annähernden Ersatz.

Jede Zeit soll ihre Jugend, dies lehrt uns die Erziehung der Antike, durch die größten Werte der Gegenwart in Tätigkeit setzen, begeistern und erziehen, worin suchen wir Lebenden die höchsten Gegenwartswerte? Zweifellos nicht im Bürokratismus der Staatsverwaltung und der Justiz. Hier fehlt das Große und

Exzitierende. Große Schöpfungen der Gegenwart sind aber Armee und Marine, man mag über die Berechtigung von Kriegen denken wie man will. Größen unserer Zeit sind weiter Technik, Industrie und Handel. Die große Wissenschaft der Gegenwart ist die Naturwissenschaft mit ihren Unterabteilungen, wie Biologie usw. Unser Größtes aber ist der soziale Altruismus in seinen wertvollen Anfängen. Diese großen Gegenwartswerte gilt es wirkungsvoll an Verständnis und Gefühl der Jugend heranzubringen. Der bloßen Lektüre des einzelnen kann nur die vollkommenere Stoffaufnahme auf die vorausgegangene allgemeine mächtige Anregung hin überlassen werden. Die Armee kann die Jugend bei Paraden und Manövern sehen. Es muß aber auch im Schulunterricht davon gesprochen werden. Die Kriegshäfen und Kriegsschiffe werden besucht, der Kinematograph tue seine Dienste. In großen Maschinenwerkstätten u. a. werden Technik und Industrie zugleich offenbart, die Biologie, das wurde schon früher gesagt, zeigt die Lebenswunder und Welträtsel, von unserem sozialen Organismus hätte der staatsbürgerliche Unterricht ein anschauliches Bild zu entwerfen.

Bildung und Besitz sind die beiden Faktoren, die unter sonst gleichen Umständen zwar durchaus nicht immer, wohl aber in der Regel die ethischen Hemmungen gegen die antisozialen und verbrecherischen Instinkte und Triebe stützen. Der Besitz schaltet die meisten Versuchungen aus, soweit nicht Leidenschaftsdelikte in Frage kommen. Die Bildung lehrt, ihnen zu widerstehen. Gerade aber bei den unteren Volksschichten treffen mangelnde Bildung und mangelnder Besitz zusammen; es ist also gar nicht anders möglich, als daß wir hier, wie die Kriminalstatistiken aller Nationen belegen, das Gros der Verbrecher antreffen. Die vornehmste Aufgabe aller Kriminalpolitik zielt dahin, auch dem Niedrigsten wie einen zum mindesten in einer nährenden Arbeit bestehenden, wenn auch bescheidenen Besitz zu gewährleisten, so ihm einen Bildungsschatz zugänglich zu machen, der die Entwicklung einer höheren sittlichen Persönlichkeit gestattet.

Schlußwort

So bietet sich, wie wir in großen Zügen gezeigt haben, in Haus, Schule und Öffentlichkeit ganz von selbst ein volles System methodischer Bekämpfung der jugendlichen Unmoral und Kriminalität. Eine solche vorbeugende Kriminalpädagogik zu üben, sie aus ihren heutigen schwachen, aber immerhin sichtbaren Anfängen aufzurichten und erstarken zu lassen, ist eine vornehmste Aufgabe des pflichtbewußten Staates. Diese Vorbeugung steht ihm besser an, als die Bestrafung der Jugend, die er seit Jahrhunderten mit unzulänglichen Mitteln betreibt. Er erkenne, es gibt sehr wohl Mittel, die Jugend zu beeinflussen! Man muß diese Mittel nur wollen! Eine nationale Kriminalpädagogik, die wir fordern, heischt natürlich größere Opfer, als der Staat jetzt für die Jugenderziehung bereit stellt.

Ebenso wichtig zeigte sich die kriminalpädagogische Behandlung des Kindes im Elternhaus. Wir erkannten, welche Fehler hier unabsehbare Wirkungen hervorrufen. Wir machen in der Erziehung so viele Fehler, daß ihre Resultate uns entsetzen müßten, wenn nicht die Natur mit ihren eigenen selbsttätigen Erziehungswegen so vieles wieder ausgliche. Daher kommt es auch, daß das Endergebnis im großen und ganzen so leidlich ausfällt. Weshalb eignen sich so wenige Eltern zu Erziehern? Weil sie erstens selber nicht erzogen sind und zweitens keine Zeit haben, sich gelegentlich der Erziehung ihrer Kinder zu Erziehern auszubilden. Erfolgreiche Erzieher gehen nämlich meist selber gleichzeitig diesen Bildungsweg. Wie kann man von Eltern, die den ganzen Tag über auf Arbeit außer Haus oder im Haushalt beschäftigt sind, erwarten, daß sie in den kurzen Stunden, da sie ermüdet und vielfach sorgenvoll ihrer Häuslichkeit gehören, Zeit, Neigung und Fähigkeit finden, ihre Kinder angemessen zu leiten und zu bilden? Aber wir brauchen nicht bis zum Proletariat hinabzusteigen, wir können das Leben des Beamten, des Rechtsanwaltes und Arztes, des Kaufmanns betrachten, um festzustellen, daß ihnen allen, die ihre schulpflichtigen Kinder den Tag über häufig überhaupt nicht sehen, viel zu wenig Gelegenheit zur Anleitung, Beaufsichtigung und Erziehung verbleibt. Hier liegt ein großes soziales Problem, dessen Lösung demjenigen der nationalen Jugenderziehung zur Seite, wenn nicht voranzugehen hat. Wer im wirtschaftlichen Konkurrenzkampf etwas bedeuten will, muß seine ganze und beste Kraft opfern. Daneben stehen viele Tausende, die jene im Übermaß Angespannten vom wirtschaftlichen Genuß ausschließen. So entzieht der Staat mit einer unvollkommenen Wirtschaftsordnung selber der Nation die wertvollen erzieherischen Kräfte, die, freigemacht und aufgespeichert, auf dem Gebiet der moralischen Entwicklung des Menschengeschlechtes tatsächlich Wunder zu wirken vermöchten. Der Staat als solcher war niemals ein moralischer Pfadfinder; er hat sich immer im Mißtrauen um seine eigene Sicherheit nur zögernd, mit Widerstreben, ja gezwungen entschlossen, die Bahnen zu wandeln, die eine zu einer Mehrheit gelangte anfängliche Minderheit ihm wies. So wollen auch wir nicht müde werden, unsere Ziele, die wir als die richtigen erkannt haben, so lange von immer neuen Seiten zu zeigen, bis die Zeiten gereift sind, daß das Wort zur Tat werden kann!

Editorische Notiz:

Der Text der vorliegenden Edition folgt der Ausgabe:
Erich Wulffen: Kriminalpädagogie. Ein Erziehungsbuch.
R. Voigtländer Verlag, Leipzig 1915

Der Text wurde aus Fraktur übertragen. Die Orthographie wurde
behutsam modernisiert, grammatikalische Eigenheiten bleiben
gewahrt. Die Interpunktion folgt der Druckvorlage.

SE VERUS
Verlag

Ebenfalls im SEVERUS Verlag erhältlich:

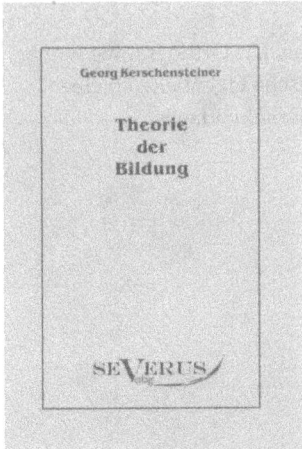

Georg Kerschensteiner
Theorie der Bildung
SEVERUS 2010 / 536 S. / 49,50 Euro
ISBN 978-3-942382-43-4

Georg Kerschensteiner (1854 – 1932) war ein bedeutender Pädagoge und Begründer der Arbeitsschule. Er steuerte damit wesentliche Ideen zur Entwicklung der deutschen Volksschule und Berufsschule bei.
Die umfangreichen und lebensnahen Ergebnisse zum Begriff der Bildung aus vielen Jahren Arbeit in der öffentlichen, praktischen Bildungsorganisation hielt er in vorliegendem Werk fest. Es umfasst detailliert die Theorie des praktischen Bildungsverfahrens, aber auch die der philosophischen Denkensweise. Neben dem Begriff der Bildung stehen dabei der Wertbegriff, der Begriff des Interesses und der Begriff der geistigen Struktur im Vordergrund.

„Was ich dem Buche wünsche, ist lediglich das eine, daß es die besten unserer pädagogischen Denker reizen möge, sich mit ihm auseinander zu setzen."
Georg Kerschensteiner, München, im August 1926

SE**V**ERUS

Ebenfalls im SEVERUS Verlag erhältlich:

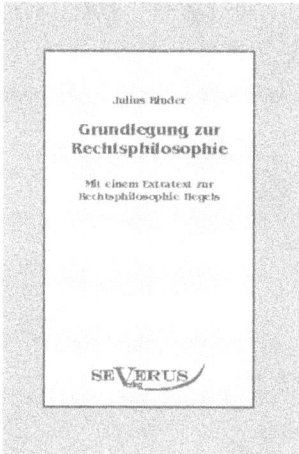

Julius Binder
Grundlegung zur Rechtsphilosophie
Mit einem Extratext zur Rechtsphilosophie
Hegels
SEVERUS 2010 / 272 S./ 29,50 Euro
ISBN 978-3-942382-29-8

Als Mitinitiator des Neuhegelianismus war Julius Binder (1870 - 1939) einer der bedeutendsten Vertreter auf dem Gebiet der Rechtsphilosophie. Die Fundamente seiner Philosophie des Rechtes entwickelte er in der vorliegenden Schrift. Ergänzend befindet sich zudem ein Beitrag zur Interpretation der Hegelschen Rechtsphilosophie in diesem Buch. Binder wurde am 12. Mai 1870 in Würzburg als Sohn einer Juristen- und Theologenfamilie geboren. Nach dem Studium der Rechtswissenschaften in München und Würzburg habilitierte er sich 1898 und wurde anschließend außerordentlicher Professor in Rostock, Erlagen, Würzburg und Göttingen. Binder verstarb am 28. August 1939 in Starnberg bei München.

Ebenfalls im SEVERUS Verlag erhältlich:

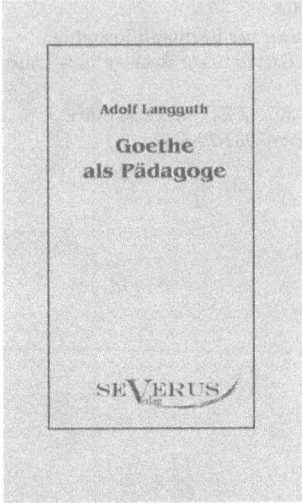

Adolf Langguth
Goethe als Pädagoge
SEVERUS 2010 / 224 S. / 24,50 Euro
ISBN 978-3-942382-75-5

Adolf Langguth

Goethe
als Pädagoge

SEVERUS

Adolf Langguth erhellt in dieser Studie das Leben und Wirken Goethes aus pädagogischer Perspektive. Dabei entwirft er ein lebensnahes und persönliches Portrait, das den großen deutschen Dichter als einfühlsamen Menschen und verantwortungsbewußten Erzieher zeigt.

Die Untersuchung lädt sowohl Bewunderer des empfindsamen Genies wie auch Interessierte der Pädagogik ein, Goethe mit dem Autor als „das Ideal freier, schöner Menschlichkeit" und seine fortschrittliche pädagogische Haltung als „nachahmenswert für alle Zeiten" zu entdecken.

www.severus-verlag.de

SE**V**ERUS

Ebenfalls im SEVERUS Verlag erhältlich:

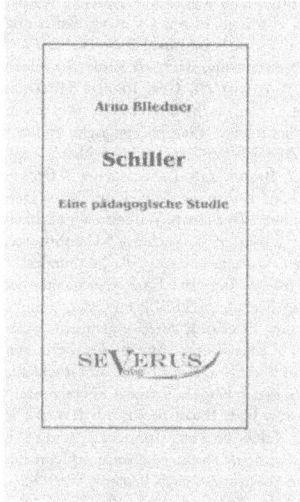

Arno Bliedner
Schiller. Eine pädagogische Studie
SEVERUS 2010 / 104 S. / 19,50 Euro
ISBN 978-3-942382-73-1

Arno Bliedner

Schiller

Eine pädagogische Studie

SE**V**ERUS

„Was ist Schiller der deutschen Pädagogik?"

Dieser Frage stellt sich Arno Bliedner in vorliegender Abhandlung, die sich mit der pädagogischen Relevanz von Schiller im Unterricht befaßt.

Anhand nützlicher Anleitungen und Beispiele wird die Schnittstelle von literarischem Wert und moralisch-erzieherischem Nutzen in Schillers Werk beleuchtet.

Bliedner untersucht, inwiefern das Leben und Wirken des großen deutschen Dichters für die Pädagogik nutzbar gemacht, und in verschiedenen Schularten verwertet werden kann.

www.severus-verlag.de

SE**V**ERUS

Verlag

Vier Reden über Leben und Kranksein * **Wernher, Adolf** Die Bestattung der Toten in Bezug auf Hygiene, geschichtliche Entwicklung und gesetzliche Bestimmungen * **Weygandt, Wilhelm** Abnorme Charaktere in der dramatischen Literatur. Shakespeare - Goethe - Ibsen - Gerhart Hauptmann * **Wlassak, Moriz** Zum römischen Provinzialprozeß

www.ingramcontent.com/pod-product-compliance
Lightning Source LLC
Chambersburg PA
CBHW061836220326
41599CB00027B/5307